天童荒

から人間は滅びない

GS

幻冬舎新書

400

まえがき

「だから人間は滅びない」

ある物語の、登場人物のモノローグの一節です。

「だから人間は滅びない」

と、彼がわざわざ口にするのは、

「人間が滅びるかもしれない」

という、切実な危機感があるからです。


世界平和における、長年の課題である核兵器の廃絶は、幾つもの宣言が出され、幾つもの会議がもたれながら、いまだに有効な道のりを示すことができません。

むしろ核兵器は、拡散の危機が強まり、いつテロリストの手に渡るか、またいつ誰が発射ボタンを押すかもわからない……そんな恐ろしい綱渡り的な状況にあるにもかかわらず、核保有国の首脳をはじめ、誰も有効な手を打てないまま、世界全体がまるでこの問題に関しては、逃避的、かつ麻痺的な状態にあるかのようです。

テロや紛争など暴力行為の応酬は、いっこうにやむ気配がないばかりか、かえって憎しみの火種が様ざまな場所へ飛び火して、世界中のどこからも安全と言える場所が消えつつあるのを感じます。

環境の変化によって生じる災害は、国内外を問わず、近年各地に多くの被害をもたらし、さらに被害の増加が予想されています。

強い感染力を持つウイルスによる被害が、世界各地で報告されています。現代医学ではコントロールできないであろう未知のウイルスによる感染症が、爆発的に拡大することも懸念されています。

国内での巨大地震の発生確率は、年ごとに上がり、火山活動の活発化が研究者によって指摘されています。なのに、それらに対する備えは、物質的にも、精神的にも、十分とは言いがたい状況です。

視線をもっと身近なところに下ろせば、殺人をはじめとした犯罪行為、DV、児童および高齢者への虐待、いじめ、貧困、それらの連鎖……。人口減少による社会制度の崩壊、食を担保する第一次産業の疲弊、農地を含む国土の荒廃、森林の消失、水質および水源の汚染……。そうしたリスクが、私たちを幾重にも取り巻いています。

ネガティブな事例・事象ばかりを挙げて、気を滅入らせてしまったかもしれませんが、読者の方々も、普段はあえて直視しないようにしていても、こうした不安に大なり小なり心をふるわせていらっしゃるでしょう。それが普通だと思います。

むしろ、こうした状況がつづくなかで、人間がよく滅びずにいられるものだと、そのほうが不思議なくらいです。

先に挙げた例の幾つかは、被害の拡大によっては、人類全体を、あるいは人類の大半を滅ぼしかねないリスクです。

ではなんとかしなければ……と思っても、個人や小さなグループにはもちろん、一国の政府、また国際機関においてさえ、容易には解決し難い問題です。だからこそ、多くの人は、さしあたって大きな不安は心の隅に押しやり、自分の人生や家族や身近な人の幸福のために、心を砕いているのでしょう。

そのために多少、近視眼的になったとしても、仕方がないことです。

しかし……

私が最も危機感をおぼえている事象・状況は、現実には目にしにくい人々の孤立化です。人々の孤立化の進行こそが、先に挙げたリスクを生み出し、悪化させている原因であるとさえ、私は思っています。

戦争や紛争やテロにも、気候変動などの環境の変化にも、感染症の拡大を誘発する可能性にも、また災害が起きたときの対策の不備にも……人々や世界の孤立化が影を落としています。日常的な犯罪や、不正や虚偽、多様なかたちで人々を苦しめ、ときに死に至らしめる行為の数々にも、同じことが言えます。

先に挙げた非常事態が発生したおり、個人や小さなグループにもできることがあります。互いを助け合い、支え合い、生存に必要な食糧や物資や技術やネットワークなどを、様ざまなかたちで融通し合うことです。

けれど、世界の主流の価値観は、人々の共助や共生を促す方向には働かず、むしろいっそう孤立化を進めようとしているのが見て取れます。

たぶん、それが短期的には経済上の利益とつながっているからでしょう。

たとえば……

誰とも口をきかなくても生活できること。店員や、係員や、担当者と、煩わしい交渉や、コミュニケーションをとらなくても、スムースに必要なものを手に入れたり、手続きが進められたりすること。この、他人と直接関わらずにサービスを受けられる生活形態を、多くの人は〔便利〕ととらえ、企業は（最近は官公庁も）そのニーズに応じると同時に、多くの分野において掘り起こし、ビジネス化してきました。

消費者はいま物質を買うのと同程度か、それ以上に、この〔便利〕さを買い求め、「他者と関わらない＝便利」な状態は、日常化しつつあります。

孤立の度合いが進むと、人は、自分と他者との関係、また自分と社会との関係を、モラルや礼節や将来の展望を基準に考えることが難しくなります。相手の立場を思いやったり、長期的な視野をもって関係性を維持したり変更したりすることが、苦手になる。

代わりに、「これは得なのか、損になるのか」という、短期的な利益の基準で、商品やサービスの価値をはかるように、人との関係もはかるようになるでしょう。

人づき合いというのは、費やした時間に、対価が発生するわけではありません。なので、他者とはできるだけ関わらないほうが得だ、と考えて、人はどんどん自分のためにしか時間を使わなくなります。

たとえ相手が家族であっても、愛していると思っている相手であっても、自分の時間を使うことに、レベルの差はあれ、苦痛を感じるようになる……。


なので、もし誰かが問題を抱えて困っているとしても、救いの手を差しのべるのは、給料などをもらって各トラブルに備えている職業人か、ボランティア精神に富む一部の人の役割であり、余裕も体力も技術もない自分が手を出すのは、かえって迷惑をかけかねず、何もしないほうが親切なくらいだ、と思っている人は、いま増えている気がします。

でもそうすると、自分が困った状況に陥ったときにも、周りの人は救ってくれない、という現実を、引き受けなければなりません。

自分が手を差しのべないのに、他人にそれを求めることはできない、という寂しいわきまえを、まじめな人ほど持っているのを、世相からも感じます。
「誰かに助けを求めればよかったのに」
「もっと人を頼ればよかったのに」
と、あとで言われるような事態が起きても、当人としては、それはできないこととして、幼い頃から孤立に慣れた心に刷り込まれているのかもしれません。

人々が集まって、相談の上で何かしら行動をとっていれば、いくらかでも事態が改善されたかもしれないことでも、人は助けを求めない。周りも気づかないふりをしたり、無視したりする。

そんな社会が長続きするとは、私には思えません。

冒頭に挙げたようなリスクに対して、それぞれの人、それぞれの社会、それぞれの国や地域が、互いに助け合うことや、支え合うことを避け、わずかな損をすることさえ嫌うあり方が進行していけば、局地的な被害や損害で済んだはずのものが、壊滅的な被害や損害へと拡大する可能性が高まります。

こうした現実世界を背景に、冒頭のモノローグを口にする物語の登場人物は、自分たちが滅びないために、ほとんど本能的に、〔群れ〕を作ることを選びます。生き延びるためには同じ想いを持つ仲間が必要だと気づき、自分の生存のため、また次の世代、次の次の世代の生存を保障するために、他者に手を伸ばしていきます。

その物語を、紙面で紹介してくださったサンケイエクスプレスから、私と社会起業家との対談の企画が提案されました。

企画書には次のように書かれていました。

〔これからの世界はどうなっていくのか。私たちはこの世界をどう生きていけばいいのか。「生きていくために、つながる」をテーマに、新刊『歓喜の仔』で「人間はなぜ滅びないのか」という問いに挑んだ作家・天童荒太氏と、つながることで社会を変えようとしている若手社会起業家を結ぶ。〕

ご提案いただいたのは、二〇一三年元日特別紙面の企画でした。

対談候補者のリストを検討すると、この方と話してみたい、この方のことを社会に紹介したい、と思う方ばかりでした。リストアップされなかった方のなかにも、人と人、人と社会を「つなぐ」活動をしている個人やグループが、大勢いらっしゃるでしょう。

そうした方々と対談するかたちで、社会に紹介することは、

「だから人間は滅びない」

ことの証明になるのではないか。

また、一般の人々にとって、孤立化に抵抗し、生き延びてゆく際の、具体的な行動指標の一つになるのではないか、と考えました。

なので、新聞紙上における一日だけの企画でなく、長く読み継がれる可能性を持つ一冊の本になるまで、対談をつづけられないだろうか、と、逆提案をしました。『歓喜の仔』の版元である幻冬舎を通じての申し入れを、サンケイエクスプレスは快諾してくださいました。

二カ月に一度程度の不定期連載で、初出はサンケイエクスプレス。回を重ねて、まとまったところで幻冬舎が新書として出版する。というフォームが決まり、取材と記事および

対談の構成は、サンケイエクスプレスの記者・塩塚夢さんが担当してくださることになりました。

対談相手は、私がまずその回の方向性や希望を示し、サンケイエクスプレスと幻冬舎が候補者のリストを挙げ、そのなかから私が相手を絞って、両社が了承した個人やグループに交渉し、決定するという手順を踏みました。

私の希望は、対談相手のホームグラウンドに、こちらから赴く、ということでした。それぞれの方の職場なり、実践活動の場なりで、お会いしたほうが、リラックスしてお話しいただけるでしょうし、現場で直接そうした方々の実践や記録を拝見することで、行動の本質なり哲学なりを理解しやすくなるだろう、という期待を抱いてのことです。なので、対談前には、お相手の実践の場を見せていただき、ときには私も実践の一部を体験させていただくなどして、少しでも活動の一端、あるいは現場の雰囲気を知った上で、話を進めました。

対談後は、〔振り返り〕として、私に対するインタヴューが、塩塚さんによっておこなわれ、その談話を彼女が端的にまとめてくださり、締めくくりとなっています。

なお、サンケイエクスプレスでは、私が現場を訪問した際の様子や、それぞれの方の詳細な紹介が、塩塚さんのこまやかな筆で内容豊かな記事に仕上げられ、掲載されていましたが、今回は新書の構成上、割愛されています。代わりに、本書に対して、塩塚さんがあらためて、対談相手の紹介を短く書き下ろしてくださっています。

対談をした方は、計十六名にのぼります。

本書に登場されている方のほかにも、それぞれの現場において、多くの人と言葉を交わし、様ざまなことを教えていただきました。

新しい「気づき」にあふれた、刺激的で、楽しい対談であり、それぞれの方の言葉には、実践者だからこその哲学や知恵、卓抜なアイデア、一歩を踏み出す勇気と、他者への思いやりが満ちています。

読者は、ご自身が従事されている仕事と重なっていても、いなくても、たとえ興味のある分野と違っていても、多くの学びを得られることと思います。

こんな人がいるんだ、こんなことをしているグループがあるんだ、という事実と、実践に至る経緯を知るだけでも、面白いはずです。

本書にまとめるにあたり、私は二度、三度と再読し、読み返すたび、対談相手の方々の熱意とヴァイタリティ、他者に向ける眼差しの優しさ、手を差しのべる勇気に感嘆しました。

これらの方々を、社会に向けて紹介できることを、幸せに感じています。

天童荒太

だから人間は滅びない／目次

第一章　震災と想像力

公益社団法人「チャンス・フォー・チルドレン（ＣＦＣ）」は経済的な事情を抱えた家庭の子どもたちに、学校外教育の機会を提供するバウチャー（クーポン）を配布する団体だ。もともと関西を中心に生活保護家庭の子どもたちの支援にあたっていたが、東日本大震災後、仙台市にも拠点を作り、被災地の小中高生を支援している。代表理事の雑賀雄太さん（25）は学生時代にＣＦＣの前身となるプロジェクトを立ち上げた。

つながりは幸せの目安

天童荒太（以下天童）　今回から始まる企画です。東日本大震災後、あらためて人と人、人と社会が、様ざまな壁や枠を超えて、つながり合うことの大切さが認識されています。一方で震災から時間が経つにつれて、せっかくの認識が忘れられ、人々は以前と同じか、それ以上に孤立化へと進む傾向にある印象を受けます。なので、一過性に終わらない活動をつづけているグループや個人にお会いして、あらためて「つながる」ことの大切さと、継続していくために必要なことを、教えていただいたり、話し合う中から見いだしたりできればと願っています。

今日はまず教育面での「つながり」を模索してきたグループのお話をお聞きします。

教育というのはやはり未来につながっていることなので、ひときわ大切だと思うのですが、これを実践されているのが若い人だというのも、未来を感じさせます。「いまどきの若者たちの中から、こういうふうにがんばっている方が出てきているんだよ」と伝えることで、希望を感じてもらえたらと思うし、「自分もやってみようかな」と思う人々がさらに出てくるきっかけになれば、と願っています。早速ですが、CFC[*1]の大きな特徴であるバウチャー[*2]について教えてもらえますか。

雑賀雄太さん（以下雑賀）　はい。バウチャーは、1人当たり25万円、1000円券250枚を1セットとして、箱に入れて利用者の子どもたちに提供しています。バウチャーは提携している学習塾やピアノやスイミングといった習い事教室などで、現金と同様に使用することができます。月謝だけでなく、教材などの購入にも使えます。提携事業者[*3]からは半券をCFCに送ってもらい、誰が、いつどこでどのようにバウチャーを使用したか、1枚1枚分かるように、データで管理しています。

天童　すごくクリアーで、スマートですよね。昔だったら、バウチャーはこんなきれいな箱に入れずに、輪ゴムで留めて渡していたと思うんですよ。ホームページも歳入や支出を表の形にするなど、透明性を大事にしていますね。企業のスマートな部分をうまく取り入れて、フラットでバリアフリー的だから、安心して関わっていくことができる。

雑賀　CFCは新しい制度だから分かりにくいところがある。実際に利用者と会って説明できるわけではないし。その中で、利用したいと思ってもらえるように、スタッフと話し合ってこの制度を作り上げてきました。説明書も、何度も何度も校正して作りました。

天童　旧来のこうしたものは、お役所的に、利用させてあげる、とまでは言わないけど、申請したらやってあげる、というスタンスですよね。ＣＦＣは謙譲的な位置に自分たちを置いて、こちらから働きかけている。それが新鮮でウキウキしてくる感じ。

雑賀　そこは、すごく意識しています。企業であれば、きちんとしたサービスをしないと対価はもらえない。こちらは無償支援で、利用者から金銭的対価をもらうことは、一切ありません。そういう中で、モラルというか、態度が崩れることは、感情としてはどうして

＊1―ＣＦＣ……2009年、ＮＰＯ法人「ブレーンヒューマニティー」内のプロジェクトとしてバウチャー提供事業を開始。11年に一般社団法人化、14年に公益社団法人に移行した。兵庫県西宮市と宮城県仙台市に事務局を持ち、それぞれ生活保護世帯支援のＣＦＣ西日本、被災世帯支援のＣＦＣ東日本として活動している。活動は個人や企業からの寄付金や助成金をもとに行っている。

＊2―バウチャー……利用者1人当たりのバウチャーの額は、文部科学省が調査した小学生～高校生の年間の学校外教育費の平均額をもとに算出している。現金ではなくバウチャーの形にすることで、他の用途に使われることを防ぎ、子どもに確実に教育機会を保障する。

＊3―提携事業者……ＣＦＣ東日本では69の事業者と提携。学習塾、ピアノなどの習い事、英会話、自然体験教室、自動車学校など多岐にわたる。事業者が利用者から受け取ったバウチャーはＣＦＣを通じて換金できるため、被災地の教育事業者の自立や雇用促進につながっている。

も否めません。けれど、そうしてしまうと、本当に必要なサービスを提供できなくなるので。

天童　それは最初から？　それとも経験でしょうか。学生時代に大阪の日雇い労働者の地区に行かれたりと、いろんな経験をしていらっしゃいますが。

雑賀　そうですね。僕がそういった経験の中で、経済的に厳しい状況にある子どもたちに対して、ずっと感じていたのは、その子たちが学べない原因は、その父母の自己責任にあるのか？　というと、それだけではない、ということで。社会全体でその子たちを支えるのは当然、という意識はありましたね。

天童　そういうことを当然だと思えるのは、どこから来ているんでしょうか。雑賀さんは香川県出身ですが、僕も同じ四国の愛媛県出身です。瀬戸内地方ってわりと似ていて、温暖ゆえに、保守的、やさしいといえばやさしいけど、社会的なことに強く何かを思って自分から動くタイプではない（笑）。だよね？

雑賀　おっしゃるとおりです（笑）。僕は高校まで香川だったんですけど、そんな社会的なことへの関心はまったくなかった。

天童　でも、何かしら芽はあったのかな、幼い頃に。

雑賀　今、ふっと思ったんですけど、小学1、2年生のとき、障害のある子のお世話を、何の疑問もなくしていたな、と思い出しました。それがつながっているかは、分からないけれど。

天童　芽の一つになっているとは思いますね。ちょっと話は戻るんですが、CFCの運営はどうやって回っているんでしょうか。

雑賀　企業や個人の方に、活動への支援を呼びかけて寄付を募っています。今、東京に営業の担当者が一人いて、講演会等を開いて、支援を呼びかけています。

天童　利益をあげるわけでもないのに、営業、と呼ぶんだ。面白いですね。企業形態のいいとこどりというか、企業が作ってきたノウハウ、効率的にサービスを提供できるところを、うまく取り入れている。そこがスマートなんだな。

寄付される個人あるいは企業、法人には何か見返りはあるんですか。

雑賀　企業さんに対しては、バウチャー券に企業名を入れて広報したり、感謝状をお渡ししたりします。個人の方に対しては、常にどういう活動をしているのか知りたいと思いますので、月2回のメルマガを配信したり、報告書をお送りしたりしています。

天童　(報告書を見つつ) すごいクオリティーですね。これ、ぶっちゃけ制作費は高いんじゃないですか。

雑賀　寄付していただいている方に、こういう活動をしていると知ってもらうのは非常に大事ですので、そこはないがしろにしないように。

天童　うん、もらったほうはきっとうれしいですね。でも、こうした活動は、軌道に乗るまでの立ち上げがかなり大変だったんじゃないですか。

雑賀　そうですね。大学4年生のときだったんですけど、初めは一人もメンバーがいない状態だったので。まず共感してもらえるメンバーを集めるところや、子どもの貧困状態とか、そもそも生活保護って何、というのを勉強するところから始まって。そこから制度設計をしていって、塾等にバウチャーの利用先として協力してもらえないか、とお願いして。少しずつ少しずつやり始めた。募金も、約3カ月で140万円程集めた。学生が短期で集めるには、街頭募金しかないと。力業で、なんとかかき集めました。

天童　140万って、すごいじゃないですか。

雑賀　そうなんです。うれしかったですね。その当時は、私の感覚として、街頭募金している人に、あまりいいイメージがなくて。何に使われるんだろう、とか。そういう考えでしたから、実際に自分が街頭に立つときに、すごく怖かったんです。でも、きっちり何のためにお金を使いたいんです、と声を出している中で、それに反応して、がんばってね、って言ってくださる方がたくさんいて。

天童　なるほど。バウチャーの利用者はどうやって決めているんですか？

雑賀　書類と面接で審査[*4]しています。被災地での活動は対象者が多いので、書類だけですが。感情的な判断にならないように、被災度合いや、受験生かどうかなど、明確な基準を作って、点数化して判断しています。

天童　感情を交えないように明確に基準を作るという公平性が、今のCFCの活動につながってるんでしょうね。こういう社会的な活動を始める動機って、何かの形で人を助けたいという、やむにやまれぬ感情じゃないですか。感情で始めたものを、感情に動かされた

＊4―利用者の審査……CFC東日本では、2011年度、1701人から利用の応募があり、うち小学生29人、中学生105人、高校生66人の計200人の利用が決まった。利用者の93％は自宅が全壊し、59・5％の親が失業するなど、震災で大きな経済的打撃を受けている。「他の地域の受験生が塾に通って学力を上げる中、被災地の受験生は経済的な理由で塾を諦めざるを得ず、非常に焦っていた」と雑賀さん。進学した利用者のうち、中学生の94・8％、高校生の66・7％が希望校に入学することができたが、バウチャーを利用することができなかった1500人以上の子どもたちには、支援が届かなかった。

らダメだ、という理性でコントロールする方向に持って行く。そこが、ＣＦＣがうまく回転していくかどうかの境目だったのかもしれない、と感じたんだけど。

雑賀　そうなんです。本当は、動機は感情なんですよね。正直、審査基準に沿ってやったのが、本当に適切な審査だったのか、悩む。もしかしたら、今落ちた子のほうが支援が必要だったんじゃないかとか、思うんですよね。ただ、感情だけではできない、ということを、その時々で感じる。子どもががんばっているからがんばろう、というだけではなく、もっと理性的に、頭で理解をして、もっと先の未来を見る。子どもがこのバウチャーを使って自分の行きたい高校に行って、将来、自分のしたい仕事や復興に関わる仕事をしてくれたらいいな、とか。

天童　未来がどうなるか分からない中、確かな何かではなくて、相手を信頼することや、信頼に基づく想像が、ＣＦＣの活動を担保している。うーん、すごいですね。実はそうした姿勢こそがこの社会が崩れそうになりながらも、なんとか保《も》っている基礎をなしているんではないか、というぐらい大切なことのように思います。ところで、学校外教育の大事さについて教えていただけますか。

雑賀　昔は教育を受ける時間がみんな一緒だったと思う。でも今は、放課後の教育を受けられる時間を比べたとき、塾に行けている子とそうでない子とのあいだに大きな格差がある。それは本人の意思ではなくて、塾に行かせるお金がないという家庭の事情による。それはどうしようもない。そこで学校外教育のバウチャーを提供する。それによって放課後の格差を埋める。

バウチャーは塾だけじゃなくて、ピアノとか、英会話とか、自分で選んで使うことができます。私たちとしては例えばプロの演奏家になりたいといった夢を持ったとき、ピアノが好きでがんばっていても、大学に行かないと夢が叶わない。そんなとき、バウチャーを使ってたくさん勉強してほしい。自分の夢を叶えるためには、勉強するしかないから、塾行ってがんばろう、とか。そういうふうに使ってもらえればいいかな。

天童 僕の子ども時分も塾はあったけど、施設の数も、通っていた子どもたちの数もまだ少なくて。今は塾の数が増えたのはもちろん、役割も変化してきてる。少子化や核家族化、共稼ぎ、シングルの家庭も増えていく中で、学校が終わってから一人で過ごす子は増えている。あるいは、震災によって家そのものを失っている子が少なくない中で、塾というのは、友達と会える場、リラックスの場、になっているというのはあるのかな。

雑賀 おっしゃるとおりですね。実際、友達がいるところに行っている子が多い。あと、自分の経験でも、受験勉強をがんばってる友達がいて、一緒にがんばろうとか。自分はバレーボールをやってたんですけど、属していたチームで、学校では作れない関係を作れた。

天童　学校がすごく、窮屈になっていたり、個々人に対応する柔軟さを失ったりしている中で、学校外教育が持っている、ある種の自由さの中で伸びる、人と人とのつながりってあると思うんです。もちろん教育を受けるのも大事だけど、同等、もしくはそれ以上に、ヨコとつながるというのか、違う環境にいる子どもたちを通して、別の選択肢を見つけたり、進路のチャンスを広げたり、というのが、子どもたちにとっては大きな救いになっているのかな、と思うんですが。

雑賀　そうですね、「憧れの先生がいて、自分も先生みたいにピアノがうまくなりたいと思ってる」とか、「塾で受験生のみんなと一緒に、勉強がんばってる」とか、そういう話も聞きますね。

天童　経済的な理由で諦めていたところに、バウチャーでチャンスをもらえたことで、以前よりいっそう夢が刺激されている気がするんだけど。例えば、東京に住んでて親が「どこでも行かせてあげる」と言ったら、夢への飢えのようなものがなくて、いいよ別に……なんていうケースも出てきそうでしょ。でも、「どこへも行けない」って環境にいて、周りでは「誰があれしてる、これしてる」と情報が入ってくると、飢えが加速する。CFCに申請したら、親に頼らずに自分の力で、スポーツできる、英会話習える、と。生きる力、伸びる力って、飢えみたいなものが実は大事だと思っているんですが、CFCはそういう面を刺激する力を持っているんじゃないかな。

雑賀　そうですね。バウチャーの利用率とか見てても、行けないと思ってたのに行けるようになったっていうことで、学習意欲がすごく高くなっている。特に受験期の子たちなんて、バウチャーを全て利用して、自分の行きたいところに行けた、という成果も出ています。そういう飢えというか、ハングリーさ、って大事なのかな。

以前子どもたちに将来の夢を書いてもらったんですが、「被災していろんな人にサポートしてもらった。だから私は看護師として人の役に立ちたい」とか、震災での経験から私はこうやりたい、というところにつなげて、将来の目標を明確にしている子がすごく多かった。子どもたちは家族や友人を失ったりして、精神的に落ちるほうが大きいと思っていたんですよね。そんな中「私はこうしたい」という思いが出てきて、正直、はっとしました。

天童　それはバウチャーをどんどん使ってほしいという気持ちになるよね（笑）。人のために何かできたらいいな、って思っている子と、無関心な子との温度差ってあると思うんだけど、それは何の差なんだろう。

雑賀　CFCには利用者の子どもたちのサポートをするために、大学生のボランティア[*5]がいます。彼らは震災が起こった直後、みんなが被災地に行く中、「すぐに動くことができなかった」って言うんですけど、僕はいつも「感情で動くのは難しいことじゃなく、誰にでもできる。むしろ、それを2年、3年、ってつづけていくことのほうが尊いと思う」って言うんです。つづけるということは、被災地のことを考えつづけるってことにもなるわけで。そういう人間って、将来、ボランティアじゃなくても、何かアクションを起こして人の役に立つことができると思うんです。

天童　つまり、覚えつづけておくことは、意味がある。まるで『悼む人』じゃないですか(笑)。今、何かをしたいけど何をしたらいいか分からないから無関心を装っている人も多いと思うんです。そんな中で大事なのは、まず知ることなんですよね。知っていれば、日頃のふるまいが変わってくるし、知らずに相手を傷つけてしまうことも少なくなる。そしていつか機会が来たときには、きっと何かできるから。傷を受けている側からしても、誰かが知ってくれている、それだけでも気持ちが落ち着く。最終的にはみんな、自分で生きるしかないっていうのは分かっていて、ただ、いないことにされるのが一番つらい。先ほども言いましたけど、雑賀さんとのお話の中で、一番大事だと思ったのは想像力をもとにした共感力と、想像力をもとにした信頼。知ってくれている人が必ずいるということも、何ができるか分からないけど常に覚えています、というのも、想像する力をもとにしての、信頼と共感力。こんな社会になってほしいというイメージはありますか。

雑賀　「ゆるくつながる」ですかね。この前、大きな地震があったんです。わー、どうしよう、って。そのとき、高松のおばあちゃんから「大丈夫かあ？」って電話があって、すごくほっとしたんです。「ああ、遠くにいるのに、こうやって気にしてくれる人がいるんや、それだけで、すごく救われる」って。例えば、旅先で出会った人とかが元気？ってメールをくれたりとかすると、それだけで、困難な状況でもがんばれるんじゃないかな。そんなつながりを、みんなが持てればいいなあ。

＊5―ボランティア……CFCでは、「ブラザー」「シスター」と呼ばれる大学生ボランティアが月に1度、電話または面談で、利用者の学習や進路の相談に乗っている。東日本では約60人が稼働。地元・仙台市の大学で教育や福祉などを学ぶ学生が多い。バウチャーの利用に関するアドバイスをすることで有効利用を促進すると同時に、子どもたちと年齢が近いお兄さん、お姉さんのような存在として成長に寄り添うことを目指している。

天童　なるほど。この世界では、誰もが世間一般に流布しているような「成功者」になれるわけではないし、子どもの頃からの夢を叶えられるわけでもない。そんな中、個々が幸せだと思って生きていけるとすれば、それはどれだけ自分を気にかけてくれる人がいるか、ということになるんじゃないでしょうか。気にかけてくれる人がいるから明日もがんばろうとか、しんどい仕事だけど明日もやっていこうとか思える。世界の1％の階層をさらに富ませることに貢献する形の、むやみな競争意識を駆り立てることは、個々人の幸福にはほとんど意味がなくて、どれだけつながりを広げていけるのか、手を伸ばしていけるのか、だと思います。僕は、バウチャーという形は、子どもたちを未来につなぐことだと思っていたけど、今日お話しして、実は子どもたちを未来の「人」につないでいるんじゃないかな、という気がしました。その未来の人は、地域の人かもしれないし、世界の果ての人かもしれない。そのまだ見ぬ世界の果てへ行くためには、語学が必要だったりする。雑賀さんたちはその機会を与えてくれてるんじゃないのかな。

雑賀　そうですね。全てにおいて大切なのは、人と出会うことですよね。

天童　人と会って話すことが、どれだけ自分の可能性を広げていくか。だって高校生の雑賀さんに、将来こうやって仙台で働くんだぜ、って言ったら、エー！　ってなるよね。

雑賀　なりますね（笑）。

天童　人生って面白いですよね。何がどうなるか、分からない。分からないところに行くのが面白い。出会った人同士が、相互の喜びをキャッチボールして世界を広げていく。雑賀さんが先ほど「（子どもたちの）先のことを想像するようにしている」という意味合いのことをおっしゃってたけど、どんなことでもその意識は大事ですね。さらに、「ここから発したものが、あそこにも、あんな遠くにもつながっていく」という、その距離と深さまで想像していけるとしたら本当にワクワクしてきますね。

雑賀《さいか》雄太《ゆうた》――１９８７年徳島県徳島市生まれ、香川県高松市育ち。関西学院大学在学中にＮＰＯ法人「ブレーンヒューマニティー」で不登校の子どもの支援活動に関わる。大学１年生のとき、日雇い労働者の街である大阪・釜ヶ崎を訪れ、貧困問題に関心を抱く。４年生のときに、ＣＦＣの前身となるプロジェクトを立ち上げる。公益財団法人「大阪ＹＭＣＡ」を経て、「チャンス・フォー・チルドレン」に参加。小中高時代は熱心なバレーボール少年。ポジションはレフト。

首都圏で高校生と学生のボランティアスタッフが語り合うキャリア教育プログラム「カタリ場」を運営してきた「NPOカタリバ」（東京）。2011年7月、東日本大震災で壊滅的な被害を受けた宮城県女川町に放課後学校「女川向学館」を開校した。地元の小学1年～中学3年生を集めて、塾形式の学習指導や、心のケアを行っている。今村久美さん（34）は、「カタリバ」の代表理事であるとともに、向学館の〝校長〟でもある。

自尊感情の回復

天童荒太（以下天童）　初めに正直に申します。女川は東日本大震災で大きな被害を受けた場所です。先ほど今村さんと横倒しになったままのビルにも手を合わせました。ですが実は今回、被災地だから、ということでお訪ねしたわけではないんです。今、誰もが幸せに「生きたい」という意思はあるのに、それが阻害される状態に世の中がなりつつあると感じています。数年にわたって拙著（『歓喜の仔』）を通して、この生きづらい世界で生き抜く方法を模索し、その答えの一つが「群れで生きる、つながる」ということでした。今村さんたちは、実際の活動の中で、その生きづらさを、人と人をつなげることでブレークスルーしようとしていらっしゃる。なので直接お会いして、学びの現場および生徒さんの姿を拝見して、あらためてつなぐことの意味を考えたかったんです。

今村久美さん（以下今村）　もともとカタリバを立ち上げたのも、学校という場に閉じ込められてしまう子たちを、社会に対して何らかの形で接続させたかったからです。どうしても、世の中は教科書的で、偏差値や体力測定の数字から抜け落ちてしまう子がいる。昔はちゃんと勉強すればいい人生を送れる、と言い切れましたけど、今はそうはいかない。カタリ場は、成功者による講演会ではなく、[*1]身近な先輩が、自分たちも悩んでいるんだという姿を見せ、互いに本音で語り合うことで、高校生に将来を主体的に考える〝きっかけ〟を届けています。

カタリ場の最後では、生徒が「今日からできる小さな行動」を約束しているんです。例えば、親との関係がうまくいっていない、という子には、先輩が「実は親はこう考えているのでは？」と示してあげる。生徒は、「じゃあ、今日は親にビールをついであげよう」と。こんな、今いる場所から一歩踏み出すためのものを約束して終わる。

天童　それは、生徒たちにだけでなく、世話をする側にとっても意味があるもののように感じます。

今村　そう。先輩の側も、教育者として大人ぶらなきゃいけないですから。助言するために、教えるほうも成長する。

天童　カタリ場というのは、硬直化した仕組みと人間関係とを揺り動かすことで、これまでにない「つながり」を形成しつつある、ということになるでしょうか。

今村　誰かに憧れるという機会が少ない世の中で、生徒のエモーショナルな部分に火をつける。ここからは震災後の活動の話になりますが、被災地の子どもは実際にサバイバル状態に放り込まれたわけです。普段は淡々と毎日を過ごしている子どもが多いこの世界で、苦しいときは、自分の心を打ち明けられるというか、すごく劇的な成長があるんじゃないか、と思った。それで、もともと学習塾を経営してきた方や、学習塾で雇用されていたが職場を失った方に片っ端から連絡をとり、ここで働いていただけるようにお願いをしました。そして賛同いただけた方を雇用させていただきました。

天童　ビジネスとして成立させている、ということに、継続性という面でも意義がありますね。

今村　まず、子どもたちと関わるって、スキルが求められるんです。子どもたちは毎日ケアすればいいだけではない。実は、遺児の子の金銭感覚がちょっとおかしくなっている。親を亡くしてかわいそうだから、周りの人がたくさんお小遣いをあげてしまったりね。そういう日常的な悩みが出てくるけれど、それに向き合わなければならない。

＊1――講演会ではなく～語り合う……カタリバのキャリア教育プログラム「カタリ場」は、高校の総合学習などの時間を使い、身近な先輩役のスタッフと生徒が主に体育館で車座になって話す。スタッフが大学生活や進路選びの失敗なども含めて生徒に語り、将来を考えるきっかけにつなげる。

それに、短期的なボランティアというのも助かるけれど、1日、1週間、1カ月で終わる関係というのは、仲良くなったお兄さん、お姉さんがいなくなるということで、子どもにとっては新たな喪失感を与えてしまう。長期で子どもを見守るためには、場づくりが必要だった。

それで、まず考えたのは、この地域で学習塾をやっていた人。それを全員雇用した。学習塾の先生は、一匹狼だから、イデオロギーの違いとかは当然あったけれど（笑）。それから、被災地以外の転職組を受け入れ始めました。

天童　女川向学館での授業方針は、どういったところを目指してのものなんでしょう？

今村　基本的には、学校の勉強をサポートすることです。集団授業でつまずいた子は、大抵小学2年生のときに分数でひっかかっているんですね。そこを、つまずいたところに戻していく。そういうこともやっています。

天童　それは、自尊感情の回復、という面に関わりますよね。

今村　まさにそう。定期的にテストをやって、そこに持って行けるように、応援している。

最初、私は集めた募金を渡そうと被災地に来たんですが、でも、いろいろ調べているうちに、本当に、人びとが必要としているのは何なんだろうって思い出して。実際に私はこの町に住んでいるわけではないから、「ああ、私はこの町のリズムが分からない」って。それで、教育を支えている人の話を聞いたりした。その人たちが言うには、誰かに何かしてほしいなんて思っていない、って。そこにいる人のパワーがすごい。「私たちは弱者なんかじゃない！」って叫んでいた。いいと思ってやっていることが必ずしもいいわけではない。それで、町の人に仕事をしてもらおうと。

そこでいろいろ調べて、地元の人に話を聞いて、やっぱり教育だ、と。最初はイベントなども考えたんですが、保護者や生徒にヒアリングをするうちに、やはり必要なのは塾だ、となった。もともと女川を選んだのも、8割の住居が流されて学習塾を復興することができないからです。雑賀君たちのような、バウチャー券を使う場所すらない。

天童　基本的な問いだけど、今村さんはなぜ教育が大事だと思うんです？

今村　私は両親も含め、周りに大卒者がいない環境で育った。勉強も全然できませんでした。新聞に投稿を繰り返して、それを特技としてＡＯ入試を受けて、大学に入れたんです。私は、本来はすごく自信がなくて、前に出て行くのはちょっと……と思ってしまうタイプ。でも、大学で出会った人は、勉強だけではない多様ながんばり方をして、すごくいきいきしていた。

一方、地元とか大学の外の友達は、生きづらさを感じて苦しんでいる。自殺した子も何人もいます。私もそうなっていたかもしれない。彼らと、私の差はなんだろう。自分で開拓していけば人生は変えられることに気づけたという、ほんのわずかな差なんです。彼らは、本当に自殺しなきゃいけなかったのかな。ちょっと見方を変えることが、大きなチャンスになる。みんな平等に機会はあるべきなんです。

天童　実際に接していて、子どもたちは今どんな問題を抱えていますか。正式な学校でないから見えてくることがあると思うんです。例えば人との関係づくりが下手になってきたとか、「人とつながる」という具体的なロールモデルを手にできていないという感覚はありますか。

今村　日本の強みでもある組織的な同調圧力って、苦しみでもあるけれど、それを乗り越えて成長するという機会でもあった。今は、インターネットという武器を手に入れて、そこに逃げ込める。だから乗り越えることが少ない。逃げ場ができることで、立ち直る意欲もなくなっている。摩擦を恐れて、見えないネットの箱に閉じこもって出て行かない。昔は、暴力なり不登校なり、目に見える形で大人たちが問題を掌握できた。今は見えない箱に子どもたちが入り込んで、救出の方法すら分からなくなった。

天童　人と会って話す場所に出て行くことは、自分の劣等感を直視することになる。一方で、傷つく場所っていうのは、相手に存在を認めてもらったり、互いに信じ合ったり、高め合えたりできる場所でもある。僕が最近の傾向で、いやだなぁと感じていることがあるんですけど、子どもたちがよく、「分からない」って言葉を、偉そうにというのか、さも分からない自分が正しいかのような態度で口にするようになった。分からない、というのは本来恥ずかしいことです。だから、こっそりつぶやくような言葉なのに、分からないのは、「分からせない」相手が悪いのだとばかりに堂々と述べ、ネット上などでは「分からせない」相手を責めさえする。分からないからこそ、勉強を重ねることやがんばることにつながるのに。相手を責める気持ちで「分からない」と言い捨てるのは、自分が成長する芽をみずから摘んでいるようなものです。でも、「分からない」と言い切って相手をシャットアウトするのは、実は傷つけられたくないという臆病さの裏返しなんだろうとも思います。

今村　すごく分かります。今、子どもたちは完全なものだけを提示されている。完全なものだけを消費しながら、不完全なものを見ないようにしている。

天童　（実際に学校内を見学しながら壁の成績表を指し）こういうのは隠さないんだ？

今村　成績のいい子には競わせるようにしている。吹きこぼれ、落ちこぼれ[*2]、両方の子をケアすることが大事だと思っています。

天童　習熟の進んでる子は競うことで自分の位置が確認できる。習熟の遅れてる子には、教える人と、いてもいい場所が提供されている。ここはもちろん勉強の場であるんだけど、自分が肯定感を持てる場であることを大事にされているんですね。

今村　あとは関係性。スタッフと生徒はナナメの関係にしているけれど、悩むことはある。叱ると先生になっちゃう。あり方はいつも議論していますね。

天童　人が集まることの意味を感じていらっしゃる。

今村　意図のある集まり方にしている。「ここは勉強する場ですよ」と。相当やりたい子も、できない子も来られる。例えば、不登校の子もいるんですが、ここには来る。それで、みんなになんでこっちには来るの、と聞かれる。自分でちゃんと説明しなきゃいけない。そうするうちに、みんな慣れてきて、聞かれなくなる。ネットではあり得ないですよね。ネット上じゃない学びの機会を得ているのかな。

天童　きっと居心地がいいんだろうね。なんで来るの、なんて普通は聞かれたくないと思うけど、そう聞かれるのが別にいやじゃない関係性ができている。そうこうするうちに、互いにいろんな子がいることに慣れてきて、聞きも聞かれもしなくなる。他者の存在によって、自分で自分を認められるという場なのかな。

今村　私、関係性で人は発展すると思っています。仕事って、カタログを見て選ぶわけではなくて、人との関係性とか、現実の積み上げですよね。夢を持て！　みたいな圧力があるけれど、実際には求人情報から選んで、現実の職業に落ち着く。でも天童さんの言葉を借りると、「私はこの職業に就くから他のことは知らなくていい」とタカをくくるんじゃなくて、身の回りの不思議なこととか、解決できないことと向かい合っていく。その積み重ねが大人になるってことだと思うんです。

天童　今村さんが現実に見聞きしていて、人間は、あるいは若い命たちは、本当は学びたがっているという実感がありますか。

今村　学びたい、知りたい、ということは、自分の命を喜ばせる。知らないことを知るこ

＊2―吹きこぼれ……もともと学習意欲の高い児童・生徒が、学校の授業内容に物足りなさや疎外感をおぼえたり、実際に疎外されたりすること。

とは、新しい自分の発見になっている。生徒たちを見ていて、そう思います。自己肯定感[*3]が低い子は「私、分かんないから」と自分のいやすい箱に閉じこもりがちになる。でも、一回社会のほうに引っ張ってあげたら「あっ、そうだったんだ！」と解決できる。そういう小さな成功体験が、次の学び体験への接続になるのかなと思う。そのレベルは本当に足し算引き算から、マンガを読まない子まで、いろいろだけれど。それこそ、自分のレベルのところで、変なタカをくくらせないように、と。

大根の値段と世界情勢

天童　僕は今村さんたちの活動を知って、ことに、つらい環境にある子どもたちが多く集まっていると聞いて、「学びっていうのは、きっと生存本能なんだな」って直感的に思ったんですね。知らないことをもっと知りたいというのは、生存のきらめきなんだと感じる。その生存のきらめきが見えたときの喜びが何物にも代え難いから、今村さんはやってこられたのでしょうか。

今村　それは、すごくうれしい質問です。被災地の子どもは悲しみを希望に変えて劇的に成長することができる、と信じて活動を始め、去年3月、生徒たちが卒業式で「自分が支援する側に回りたいって思うようになった」と言ってくれた。最初は地域の人の理解がなかなか得られなかったけれど、その言葉に救われました。自分が教える立場になりたい、自分がプロデュースする側にいきたい、ってどんどん意欲が出てくる、それが仕事をするってことなんですよ。「もっと学びたい。分からないことが世の中にたくさんあるから大学に行きたい」という子もいて。「震災後、いろんな人と関わって、もっと自分がいろんなことを知って、いろんなことができるようになりたいって思った」とか、「町を復興させるのは自分の仕事だと思った」とか、そういうことを言ってくれた。「かっこよすぎるな、お前！」とか言ったんですけど（笑）。そんなことを言う子もいるんだな、と思ったときに、日常的な居場所で人と出会わせる機会を、ネット上じゃないコミュニケーションの機会を作っていく意義を、やっと実感することができたんです。

天童　うーん、なるほど。今のこの対談も事前の打ち合わせなしで、お互いのこともほと

＊3──自己肯定感……自己肯定感の低さは、日本の子どもの特徴でもある。財団法人日本青少年研究所（東京）の「高校生の心と体の健康に関する調査」（2011年）では、「私ができることはいっぱいある」との問いに「そうだ」と答えた割合が、米国90％、中国81％、韓国69％に対し、日本はわずか36％だった。

んど知らないまま、それこそ初対面のぶっつけ本番で話しているので、まさに出会いの面白さを実感してます。テーマがあちこち飛ぶのも、そのせいだけど（笑）。自分の持ってる言葉を総動員して、それでも追っつかないので、自分の中の無意識層の中にある言葉が自然と出てくる。自分で、あれ、こんなこと考えてたのか、こんな言葉が出てくるのか、って発見がある。無意識に出てくるもののほうが楽しいですよね。

僕は小説を書く上でも、内なる無意識に届くまで自分を追い込むことがよくあります。自分の無意識は、きっと同時代の人の無意識の希望や恐れとつながっているだろうから、無意識に至ることで人間共通の普遍的なものへと届く可能性があるだろうと。

今村　天童さんはどうして「傷ついて一歩も歩けない」という人を書きつづけているんですか。

天童　どうしてなのかな、これも意識的というよりは、無意識的な選択です。ただ中高生の頃からそういう人たちにシンパシーを抱いていた。英雄が活躍するドラマや映画があるとしたら、その途中で殺されたり、決闘や追跡に巻き込まれたりする路傍の人とかにね。でも、『永遠の仔』で虐待について書くときには、意識的に深く考えました。「この人たち（虐待の被害者）をどう書けるのか。自分の表現のために傷ついている人をさらに傷つけるのか」って。そこで、この人たちの立場で書くしかない、自分が虐待を受けた人間として生きる、ということをした上で書くしかないと決めた。その子たちの年表をノート何冊分も作って。どんどん気持ちを近づけていって、ときには目をつぶって、虐待を受けた子の心に自分の心を重ねて、自然と湧き出してくるものをわーっと、自動筆記みたいに書いていったんですね。

今村　その立場を想像しまくる、その立場に自分を立たせるというプロセスを踏んでいるから、あんなにも共感できる作品なのかな。私も、被災地に初めて来たとき、「被災した人の気持ちが分かるのか」って苦しかった。でも、相手の弱さばかり見ていても分からないだろうな、って思って、避難所に寝泊まりさせてもらった。やっぱり、相手の立場を経験しないと分からないことがある。例えばすごくいい演劇を持ってる団体がいて、見せたいという支援があるとする。でも、なぜ人が集まらないのか、となったときに、ここに住んでいる人たちは、移動ができないんだよ、っていうことが分かる。道がガタガタだから自転車で行動できない、とか。送り迎えをするクルマが流されている、とか。経験しなければ分からなかった。

どんなふうに朝が来るのか。電気が消えるってどんな気持ちなのか。天童さんが作品を書くプロセスと、私がこの場所を作ったときにとった方法は重なるというか、私がすごく大切にした部分です。

天童　今村さんのその姿勢はすばらしいですね。しかも現地の人との直接のやりとりだから、緊張感や不安も大変なものだっただろうと察します。これは表現活動とか、人と向き合う活動に限らずですが、人間にとって生きていく上で必要なのは、基本的な衣食住はもちろんとして、やはり他者へ向けての想像力だと思うんです。人はみな想像力はまず持っている。大切なのは、それを外に向けて使えるか、ということでしょう。

今村　分からないことを分かろうとする興味喚起が、生存率に関わると思う。普通に生きていくと、分からないことがどんどん起きていく。その中で、分からない状況に立ち向かおうという力が想像力。分からないものに対して挑むモチベーションって、何物にも代え難いし、学校っていうのは、そこを引き出すものだったらいいなと思う。

私、カタリバを立ち上げた最初の7年間、ずっとアルバイトしていたんですよ。昼間は情報会社でバイトして、夜は派遣コンパニオン。周りが大手企業に就職する中、名刺を持っていないことへの劣等感もあったけれど、コンパニオンのバイトで、恋人に虐待を受けながらも依存している人とか、今まで遭ったことのないような苦しみを抱いている人に出会うことができた。例えば私があのまま、一般企業に就職してたら出会うことがなかった人に、名刺がないがゆえに出会えた。それが、今、もしかしたら、いろんな相手のことを考えるきっかけになっているのかもしれない。天童さんもそうなのかな。

天童　大学卒業後、怖かったけどあえて就職せずに、肉体労働のアルバイトをしたり、町工場で働いたりして、そこでいろいろな人に出会いました。中卒の職人さんのほうが人生の深い知恵を持っていたり、高卒のあんちゃんのほうが働く現場で必要な頭の切れを感じさせたりする。そうした中で、次第に日常の生活のあり方が一番大事だと思うようになりました。例えば、普段から家事をするんですけど、油だらけのフライパンや排水口のぬめりを洗うのは大変なんですよ。でもそれは自分がやらなければ誰かが負担する。自分の場合だと、妻に負担がゆく。実際、少なくない数の女性は毎日そうした生活上の小さな嫌悪と向き合っている。それを現実の体験として日々生きることが、自分なりの創作上の基礎になっています。今の大根一本の値段を知ることと、世界情勢を知ることは等価だと思ってる。地元でミカンを作ってる連中と飲んで、ミカンの一個の値段の安さや後継者不足への嘆きを聞くことから、流通の問題やグローバル化、ＴＰＰ問題に発展してゆくことが、基礎の基礎だろうと。

今村　今の子どもたちが気の毒だな、と感じることがあります。発想がコンビニ的というか合理的で。でも、「こういうものを食べたらこういう味がします」というものばかりに囲まれて生きていると、想像力を持つことはすごく難しい。例えば、牡蠣は嵐になると海が荒れて牡蠣筏から落ちちゃうとか、そういうことを知っている子は少ない。合理的でないものの価値をもうちょっと大切にしないと。

天童　実は分からないものに価値が隠れている。というのも、分からないものを自分で分かるように解いたとき、それはすごい宝物になるから。なのに、分かりやすいものにばっかり流れていくというのは、非常に貧しいし、もったいない。

今村　人を弱くしていると思うんですよね。

天童　今村さんたちの活動は、対談する前は、子どもたちに自分の持つ可能性を見せてあげたり広げてあげたりしているんだろうなと思っていました。でも一番は、想像力の成長を促していることだったんですね。勉強したら単に成績が上がるといったことではなく、こういうことができるようになるよ、あんなこともできるようになるよ、と伝えることで、子どもたちの想像力を広げている。大人たちがしなきゃいけないことって、自分自身の貧困になった想像力をあらためて伸ばすと同時に、次の世代の想像力をいかに伸ばしてあげるかなんだろうな、と思います。

今村　子どもだけじゃなくて、スタッフたちが得ている学びもすごい。地域のカラオケ大会に駆り出されたり、人と関わってコミュニティーに参画することが、学びの一部になっている。大手広告代理店とかから転職して来ている子も多いんですが、自分が育った場所じゃない地域、しかも過疎地、しかも、今回でいうと被災地に、若者が来て、そこで一定期間過ごして、そこからいつ帰るのかはその人次第ですけど、そこに私は想定していなかった価値を感じて。

天童　相互関係なんですね、教育って。学ぶ立場と教える立場、お互いをつなぐ仕事もされているんだな。

今村　「つなぐ」といえば、いじめとかも、塾と学校が手を結ぶことで、町が子どもをゾーンディフェンスで見守るってことができるんじゃないかなって。ここの場所で見えたことは、学校の先生に連絡する。学校と一緒に子どもを支える。そしたら、未然に最悪な状態を防げる。そんな大人のつながりを作れるよう、今こだわって、努力しています。

天童　それこそわれわれが今後、新しいコミュニティーと社会関係をつないでいく上での、大きな課題だし、また希望でもあると思います。

今村久美《いまむらくみ》—1979年岐阜県高山市生まれ。慶應義塾大学環境情報学部在学中に「NPOカタリバ」を設立。「女川向学館」と2011年12月開校の兄弟校「大槌臨学舎」(岩手)を往復し、夫がいる東京にはなかなか帰れない。中学時代は剣道部。花火を打ち上げることができる資格も持っている。

「分からない」ことを喜ぶ

雑賀雄太さんと今村久美さん。被災地で活動する若い二人との対談は、事前の打ち合わせをせず、初対面のぶっつけ本番で始めたこともあって、まるでジャズのセッションのようでした。

実際に彼らの活動の〝現場〟へ赴き、その場の空気を感じながら会話を重ねることで、お互いに気がつかなかったことや、言葉にできずにいた思いがどんどん外にあらわれてきました。そういった発見こそ、人との新たな出会いによってもたらされる大きな喜びです。人と人が出会い、話すことが、人間個々の可能性や、社会の可能性を広げることにつながるんだと、あらためて実感しました。拙著

（『歓喜の仔』）の中で「生き延びるために、つながる」ということを書いたけれども、今回、それに加えて、「つながることは楽しい、わくわくするものだ」と読者にも伝えたい思いです。

彼らの活動はとてもスマートで、新しい世代特有のやり方にも見えます。けれども実は「これでいいのかな、何かできないかな」と社会に対して疑問を感じている人の数は、いつの時代もそう変わらないのじゃないか。それを、今という時代に即した形でどう有効な実践につなげ、地域的に広く、また時間的に長く、輪を広げていけるのかが、課題なのでしょう。

どんどん人間の質が劣化しつつあるように言われることがあるけれど、環境に即して変化が見られるということであって、確かに一部では幼いまま成長が見られない面があったとしても、質自体は変わっていないでしょう。

例えば草食男子、つまり相手の気持ちを慮《おもんぱか》れる人が増えているのは少しも悪いことではなく、これからの時代では希望かもしれない。他者を慮れることは、全然悪いことではない。要はそれが、自分が傷つきたくない内向きのものか、相手を尊重する外向きのものか、ということが問われてくるんだろうと思います。

人のことを思いやる気持ちを持っている人は、年配者より若い人のほうにすごく多いように感じています。あとは気持ちを、どのように人に向けた言葉にするか、行動に移すかの問題なんだろうけど、身近に参考モデルが少ないし、答えを自分で考えるより、人に聞く習慣のほうが身になじんでいるだろうから難しい。

どうきっかけを作って、気持ちを言葉に、行動に、人に、社会につなげていけるのか。これから人々との対話を通して、そのことを見いだしていきたいし、すでに気持ちを行動に移した人たちを一つの参考モデルとして、紹介していければと思っています。

二人に会いに行ったこともそうです。何かしたいけれどできない、何かしたいけれどかえって傷つけるのではないか、と思っている人たちに、「いやいや、やってみないと分からないよ。一歩踏み出した人がここにいるよ」と伝えたい。彼らにしても、初めから成果が見えていたわけではない。最初の一歩はやむにやまれぬ思いから、とにかく歩き出してみようという、ほんのささいな一歩だったんじゃないでしょうか。

もちろん、踏み出すことの葛藤や恐怖はあったと思います。ただ、それに勝る気持ちの前傾姿勢や、人との出会いがあったんでしょう。人間って、気持ちを前向きにしていると、出会える。あるいは、出会っていることに気づける。逆に、前向きでないと、出会っていても気づかない。どうしたらいいか「分からない」、どう受け止めればいいか、感じればいいか「分からない」。そうしたときに、「分かろう」と前向きになって考えたり、人と会って話してみようとすることも、ある種の「想像力」です。

変われる自分を想像できたり、新しい場所へ進める自分に希望を抱けたり。ただ「分からない」だけで切り捨てることは、せっかくの素敵な景色が見られるチャンスを見送って、先の見通せない狭い場所に閉じこもってしまうことになる。「分からない」ものがあることを喜べず、分からせない相手が悪い、分かるようにしてくれないほうがダメだとなれば、例えば、息子とオヤジがいて、オヤジはエヴァンゲリオンもAKB48も分からないとする。すると、分からせることができなかったエヴァンゲリオンやAKB48が悪いのか、ということになる。それよりも、オヤジが息子に「お前、こういうのが好きなのか。オレ、分かんないけど、ちょっと我慢して見てみよう、もう一度きちんと聞いてみよう」って言ってくれたほうが、うれしいし、双方にとって前向きでしょう？　オヤジの好きなものを息子が分からなかったときも、同じです。分からないということを、否定にしてはいけない。実は、深い肯定につながるものなんです。分からないままにするのは、ただただ、〝命〟がもったいない。

今回の二人のほかにも、人にあまり知られていないところで、貴重な「つながり」を作っている人が出てきている気がする。知らなかったら本当にもったいないまま流れてしまうところを、「ほら、こんな人がいるんだよ」と伝えていければと思っています。

第二章

閉塞感を打ち破る農業

高齢化が進む農業。この現状を打破しようと、農家出身の若者〝こせがれ〟を実家に戻す活動をしているのがNPO法人「農家のこせがれネットワーク」。東京・六本木の農業実験レストラン「六本木農園」の企画・プロデュースに参画したり、〝こせがれ〟の交流会を行ったりとユニークなアプローチで農業の魅力と可能性を発信する。代表理事の宮治勇輔さん（35）も、人材派遣会社を経て実家の養豚業に戻った〝こせがれ〟だ。

地縁を結び直す

天童荒太（以下天童）　人間にとって必要かつ大切なのは、一番に食だろうと思います。生き物ですから、何より食べないと生きていかれない。生存に関わる第一義なのに、ホワイトカラー的な仕事ばかりに重きがおかれ、食に関わる仕事、すなわち農業はないがしろにされてきた印象があります。それも踏まえた上で、農業に新しい「つながり」の風を吹き込んでいる宮治さんにお話をうかがいたいと思いました。まず、宮治さんたちの考えていることをご紹介いただけますか。

宮治勇輔さん（以下宮治）　われわれのミッションは、都心で働いているこせがれをだまくらかすこと（笑）。もとい、都心で働いているこせがれに農業の魅力と可能性を伝えて、実家に帰って農業を始めてほしい。その後押しをする団体が私たち「農家のこせがれネットワーク[*1]」です。

今、農業界はネガティブの代名詞じゃないですか。TPPの反対の急先鋒は農業、みたいなね。ひとくくりにされるのは悲しい。農業の未来、明るい夢と希望を持って若者は農業をやっているにもかかわらず、なんかメディアに出てくる話は後ろ向きな話ばっかりで。「こせがれネット」というのは、若く前向きで、農業に夢と希望を持っている人が集まっているので、農業界の明るい未来を社会に向けて発信していきたいな、と思っているんですよね。

そのためにしていることの1つ目が、魅力を伝える場づくり。この六本木農園[*2]とか、ヒルズマルシェ[*3]、こせがれ限定の交流会などを開催しています。あとは、こせがれ塾[*4]。帰ろうかどうしようかともやもや考えている人に来てもらって、自分のライフプランを決める後押しをしています。そこで帰らないという決断をしてもいいかなと思うんですが、もやもやして決断できてない状態が一番気持ち悪いと思うんで。

2つ目は、各地域でのネットワークづくり[*5]ですね。いざ実家に帰っても、オヤジさんとそりが合わなくて、また飛び出していってしまうというケースが結構多い。オヤジさん世代はいかに効率的に農業するか、農薬をまいて、農協の言うとおりに、農事暦に従って、農業をやる。こせがれは、いいものを作る、有機無農薬あるいは減農薬、お客さんにアピールできるPRポイントを取り入れて、直接販売したい。まったくかみ合わないわけですよね。オヤジさんの中では「こせがれは死ぬまでこせがれ」という意識がある。自分が死んだときが政権交代だ、という。それではこせがれが成長しない。いざオヤジさんが死んだら、自立するためのスキルやネットワークがなく、そのまま沈んでいってしまう。だからといってオヤジさんの考えを変えるのは難しいので、地域に仲間を作る。農業者だけで

＊1―農家のこせがれネットワーク……日本の農業を最短最速で変革するには、都心で働き、ビジネスで様ざまな経験を積んだ農家のこせがれが実家に帰って、元気に農業を始めることが必要と考え、2009年8月に設立された。農家のこせがれたちと、食や農業に関心の高い生活者、全国各地の先輩農業者がつながれる場を作り出し、帰農に向けて踏み出す農家のこせがれの支援を行っている。

＊2―六本木農園……全国の農家・こせがれを応援するために誕生した〝農業実験レストラン〟。全国各地の農家から旬の素材を直送で仕入れて提供する。農家が農作物や自分自身について語る〝農家Ｌｉｖｅ ｓｐｅｃｉａｌ〟や、農家と消費者が共に楽しむ〝農業をおもしろくするパーティー〟などのイベントも開催。

＊3―ヒルズマルシェ……毎週土曜日午前10時～午後2時に、アークヒルズ（東京・赤坂）にて開催している朝市。若手農家や新規就農者、都内にいるこせがれたちが、自慢の新鮮な農作物、加工品、雑貨などを販売する。

＊4―こせがれ塾……こせがれの帰農にあたり、農業経営をサポートする知識を学べる勉強会。ライフプラン作成講座や農業基礎知識講座を行う。このほかにも、農業に関心のあるビジネスマンに向けた講座を市民大学「丸の内朝大学」内で開催している。2012年度は実際に生産物を試食しながら講師の農家の話を聞いたり、フィールドワークで農作業などを行った。

＊5―各地域でのネットワークづくり……同じ思いを持つ仲間との出会いの場として、2013年までに20都道府県で地域交流会を実施してきた。この交流会から北海道、宮城、東海・中部、関西の新たなネットワークが誕生している。

はなく、商品開発ができる人とか飲食店経営者とか、いろんな人が集まる場所を作る。その中に入ることで、自分のやりたいことが形にできるんですね。

例えば「直販したい」と言っても、オヤジさんは反対する。けれど、そういう場で知り合った飲食店経営者が「おお、自分の店で使ってやるよ」となれば新規開拓できるわけです。そうなればオヤジさんも「田んぼ自由にやらせてみるか」と、権限委譲されていく。オヤジさんとこせがれだけの閉鎖された世界になってしまうところを、協力者の力を借りて夢を実現させる。

天童　こせがれを実家に戻す、つまり耕作を放棄しようとしている農家とつなげるということをしないと、農業が死んでしまうという問題意識がもともとあったのでしょうか。

宮治　僕は今、実家に帰って「みやじ豚」というブランドで養豚業をやっています。「一次産業を、かっこよくて感動があって稼げる、3K産業に」というのを目標に掲げているんですが、みやじ豚ばかりそうなってもダメだな、と最初に思ったんです。農業界は高齢化、後継者不足というのがよく叫ばれているけれど、それは問題ではなくて、ある問題によって引き起こされた現象に過ぎない。それで自分なりに農業の問題点を考えたとき、生産者の名前が消されて流通していることと、価格の決定権がないことだと気づいたんです。

そういうものを打ち破ることができるのが、都会でビジネスのスキルやネットワークを得た農家のこせがれたち。彼らが実家に帰って、オヤジさんの技術や地盤、看板を融合させて経営をしていけば、日本の農業は変えられるなと思ったんですね。新規就農者では、まず土地を借りて、トラクターなど農業資材を手に入れて、と幾つもハードルがある。でもこせがれならば、すでに土地もあって、技術指導はオヤジがしてくれるわけですから。

これは自分自身の経験なんですけど、東京で働いて、ビジネスのノウハウとかネットワークを活かして、オヤジとはまったく違う新しい経営手法を取り入れて、まあそこそこうまくいったと。こういう農業者がもっと増えてくれれば、日本の農業界はまだまだ元気にやっていけるんじゃないかと考えたんですよね。

天童　面白いですね。壊すのでもなく、まっさらから始めるのでもなく、先の世代のがんばりを尊重し、〝先生〟として教えてもらいつつ、今の時代感覚に合ったものに再構築していこうという試みと言えましょうか。そこで宮治さんは、なぜ「みやじ豚だけじゃダメだ、日本の農業を元気にするんだ」となったのでしょうか。みやじ豚が成功するだけでもすばらしいことですよね。

宮治　僕は大学で組織論を学んでいたのですが、「組織に必要なのはまず理念だ」と教えられたんです。そこで、みやじ豚を始めるとき、企業理念として「一次産業を3K産業に」にしようと。自分のとこの規模をでかくするより、業界全体で考えていく生き方のほうがやりたいな、と。

あと、歴史小説が大好きだったというのも影響しているかもしれない。特に坂本龍馬の「世に生を得るは事を成すにあり」みたいな。中学の文集に「歴史に名を残す人間になりたい」って書いてたぐらいですから（笑）。

それに、僕は1978年生まれなんですが、そこから下の世代というのは、いわゆる社会起業家が多いなとも思う。これだけ豊かな日本社会に生まれてきて、お金とかのために働くっていうのじゃ、モチベーションは湧かないなという実感が世代としてあるのではないか。自分自身も社会に出てそれなりにやりがいもあったんですけど、一生この会社に捧げるのが自分の人生なんだろうかとか、考えるわけですね。では、何がモチベーションかというと、今の日本の閉塞感《へいそく》を打ち破りたいという思いなんじゃないかな。

自分もIT企業を経営して六本木ヒルズに住みたい！　なんて思っていたこともあった（笑）。でもあまり魅力ないなって思い始めて、気づいたら農業の本ばかりを読むようになった。やっぱり農家のこせがれのDNAが流れていたんですね。

天童　素人でも、第一次産業の後継者問題は深刻だろうなと以前から思っていたのですが、国や農協は後継者不足を解消するために、どういった方策をとってきたのでしょうか。

宮治　ずっと後継者不足と言われてきたわりには、あまり聞いたことがないんです。青年就農給付金[*6]などの制度はありますが。

天童　宮治さんたちは都内で農家のこせがれたちの交流会を開いたり、先輩農家の講演会を開いたり、六本木で直販市やレストランを開いたりしている。一方で地方へも積極的に出向いて、講演などの活動もされていますが、そこで出会う人たちの反応はいかがですか。

宮治　歓迎していただいているという実感はあります。みんな閉塞感を感じているしこのままではいけないと分かっているけれど、どうしたらいいか分からないのが8割がたの本音ではないでしょうか。そこへ、僕たちが、全ての解ではないけれど、一つの解答を打ち出している。農家のこせがれを実家に帰すのが最短最速だ、とか、農家のライブハウスを六本木のど真ん中に造る、とかね。だからこそ、講演にも呼んでいただけている。

＊6――青年就農給付金……2012年度から始まった農林水産省による事業。45歳未満の若者の就農意欲の喚起と就農後の定着を図るため、一定の要件を満たした人に、1人当たり年間150万円が給付される。

天童　でも、講演だけでは根本的な解決にならないですよね。このままじゃいけない、という思いを、講演で代弁してもらって、さあその先は、というのがわりと難しい気がする。具体的に提案してもらっても、ああ確かにそうだな、そういう考え方もあるな、で終わってしまうことが多いように思うんですよ。つまり、宮治さんたちのような活動があって、実際に成果が上がっているにもかかわらず、のっかろうとしない、という現状もあるのでは。

宮治　そうなんです。僕も最近それを強く感じていて。僕たちの周りに集まってくるのは元気な農業者だけれど、みんながそうではない。若いからといって元気とは限らなくて、むしろ学校出てすぐ就農してしまうと、世界がオヤジと自分だけになって視野が狭くなってしまう。今、僕が感じているのは、１００人新規就農者を作るよりも、１人の地域を先導するリーダーを育てるほうが農業界にインパクトがあるのでは、ということ。例えば、各県に2人ずつ新規就農者を増やすよりは、1人のリーダーが10人を雇用したほうが影響は大きいでしょう。それは5年やって、確信になりました。地域のリーダーになり得そうな人は必ず各地域にいるんですね。その人たちに光を当てられる場を作れるかどうか。大体、そういう人は地域ではつまはじきにされている可能性もあるんで。またあいつヘンなことやってるよ、と。

天童　実際にリーダー教育のようなことを手がけていくというのは、宮治さんのことだから、わりと具体的に考えていらっしゃるんでしょ？

宮治　それはまだ先の話ですけれど、最初から僕らのやっていることは教育論なのでは、という議論もありましたね。各地域で講座とかをやると、僕らが去った後も「あれやろう、これやろう」というコミュニティーが生まれている。それをやるのは地域の人で、どういう農業をやっていきたいのか、みたいなのがあって、自主的に取り組まないとできない。僕らは場づくり、きっかけづくりに徹している。将来的には、もう少し深く地域のコミュニティーに入り込むようなこともあるかもしれない。今も、「この人を中心に関わっていけば面白いネットワークができるだろうな」と感じることが多いんです。もちろん、NPOである以上、資金面の課題はありますが。

天童　各地にリーダーを育てて、そのリーダーを中心に幾つもコミュニティーが生まれて、さらにその各コミュニティーがネットワークでつながっていく、というのが目標とする一つのビジョンと言えそうですね。ところで、ごく基本的な質問です。「農」の新しい展開を生み出す場所として選んだのが、なぜ東京だったのでしょう。

宮治　単純にこせがれが多くいるからです。結果として六本木で活動することになるんですが、農業と六本木は正反対のイメージなので、農業を発信するなら一番インパクトがある。もともと自分が神奈川県出身だということもありますし。あとは人の縁ですね。「六本木農園」を共同プロデュースしているオーナーとの出会いですとか、いろんな縁の重なりでしょうか。それが「こせがれネット」らしさだとも思うんですけれど。

天童　縁は大きいですよね。もしかしたら、宮治さんたちがやられているのは、切れかけている親子の縁や地縁をもう一回結び直す、ということでもあるのかもしれませんね。

宮治　それはもちろんあります。東京で働いているこせがれは、意識的に自分がこせがれだということを消している人が多いと思うんですね。友達にこせがれだということが恥ずかしくて言えない。そういった人たちに僕らの活動を通じて、「そういえば俺も農家のこせがれだったな」と思ってもらえれば。それが結果として、つながりの回復になるのかもしれません。

さらに言えば、僕らがやるのは、ただ単につなげるだけではなく、都心の農家のこせがれたちに、どう本気で農業に関わってもらうかだなあ、って思うんですよね。どれだけこせがれにアプローチして、交流会とかに参加して、農業の可能性や魅力に気づいてもらうか。もしくは、東京にいながら実家を手伝えるかに気づけるか。

会いに行ける農家

天童　交流会には僕も参加させていただいたのですが、和気藹々《わきあいあい》の雰囲気だった中、いきなり参加者のみなさんに向かって発せられた宮治さんの強い言葉にはっとさせられました。「骨を埋める覚悟がなければ帰ってもしょうがない」と。交流の場で、あえてああしたショックを与えるような発言をされたというのは、せっかく発展や成長のきっかけとなる場を用意したにもかかわらず、周りに大勢こせがれがいることに安心を見いだしたり、だからなんとかなるかもしれない、と先を甘く見通したりする、いわゆる〝ゆるい人〟も多く見てきたのかな、と感じたのですが。

宮治　2、3年前に農業ブームがありまして。会社でストレスがたまって逃げ出したい、田舎で農業だったらのんびりできるんじゃないか、という新規就農者が出てきた。でも、1年やったけれど自分には向かなかったとか、食っていけなくてやめてしまうというケースがほとんどだった。それも踏まえて、農業というのは地域に骨を埋める覚悟がないとできない、と。こせがれにとっても、実家に帰ってまた逃げ出したら、親が周囲になんて言われるか。そういう覚悟はいりますね。

天童　あと、交流会で心に残ったのは、「東日本大震災を機に、ふるさとの農家のことを考えた」という人がかなりいらっしゃった。それはなぜなのでしょうか。

宮治　東京は人間関係が希薄だな、と考えるようになったのが一つ。それから、自分自身のルーツを考えるような人が増えているんじゃないかな。東京だと根無し草だけれど、そういえば自分は例えば秋田から来たな、と。秋田ではオヤジが農業やっててかったるいと思ってたけれど、意外と居心地よかったな、とか。

天童　自分という存在を見つめ直さざるを得ない経験だったということですね……。話は変わるのですが、対談の前にここ（六本木農園）で食事をしたら、野菜中心でヘルシーだし、素材自体の味に深みがあるせいか、すごくおいしかった。お客さんも、味だけでなく、産地や農法にもこだわりがありそうな女性が多かった。値段が安いわけではないけれど、おいしいだけでなく、安全で、健康によいものを口に入れたいという人は確実に増えている。そうした食への関心が高まっている中、今後、マスの消費者、つまりさほど産地や農法にこだわりを持たない、これまでどおりに与えられたものの中から選択するだけの、一般の人たちに向けて、どう広がりを持たせていけるでしょうか。

宮治 さすがに答えづらいことばっかり聞くなあ（笑）。消費者の裾野を広げる[*7]というのは、本当に難しいですよね。以前、豚舎の見学会をやっていたことがあって。終わった後、お子さんが「みやじ豚食べたい」って言った。そしたらお母さんが即答で「高いからダメ！」（笑）。がっかりしましたね。現場を見てもらって、どれだけこだわりの生産方法でやっているか説明した後でそれはないだろうと。

それでも、直接、農業者の話を聞くというのは必要だと思います。みやじ豚を味わってもらうバーベキュー[*8]をやっているんですけれど、それが一番いいな。口コミですごく広が

*7―消費者の裾野を広げる……人口減少により国内市場が縮小する中、注目されるのが食品宅配事業だ。2012年7月、レシピサイト「クックパッド」が全国の農家などと提携し、野菜を届けるサービスを開始。さらに8月には、大手宅配業「らでぃっしゅぼーや」を大きな顧客網を持つNTTドコモが完全子会社化するなど大手企業の参入が相次ぎ、競争が激化している。

*8―バーベキュー……宮治さんが「みやじ豚」を始めるにあたって、最初に開催したのがこれ。月に1度、湘南の観光農園で開催される。半分に切ったドラム缶に炭がくべられ、参加者はそこで焼いた豚を味わう。実際に生産者と消費者が顔を合わせ、生産者が豚のおいしさを最高の形でプレゼンできる。口コミで人気が広がり、メディアでも話題を呼んだ。参加費は大人4100円〜4600円、学生3700円〜4200円、小中学生は大人1名につき1名まで無料。

る。実際に豚を育てている土地に行って、生産者の思いを聞いて、食べる。若干ではあるけれど、裾野が広がっていると感じています。

五感で体験する場所をどう提供するかがすごく大事。五感で体験したものは人に話したくなる。口コミになる。都心の東京ビッグサイトで商談を、というのはつながりを意識しない時代のやり方だった。グローバル化とか言われていますが、大事なのはこの地域じゃないと味わえないものを見直して、お客さんに地域のファンになってもらうということなのではないでしょうか。

バーベキューもね、この前なんか、鹿児島から来てくれたんですよ。ここじゃないと楽しめないものがある。炭火で豚をその場で焼いて、ご飯に豚の脂を絡めて食べる、その臨場感にはどんなレストランも敵わない。

天童　うーん。それって僕ね、味だけなのかな、と思うんです。東京から宮治さんの農園まで2時間かけて、おいしいよ、って口コミだけで来る？　ほかに何か絶対秘密がある（笑）。

宮治　おっしゃるとおり！　これは僕なりの考え方なんですけど、みやじ豚がおいしいだけだったらここまで広がらなかったと思うんですね。バーベキューでは、必ず乾杯の前に僕の思いをあいさつするんです。お客さんたちは、農業への思いまで召し上がってくださっている。

僕は、これからはおいしいだけではものは売れないと思っています。日本の農家は、おいしいものはみんな作れる。でも、食べ物っていうのは、80点超えると、あとは個人の好み。ということは、味では差別化できない。やっぱり思いとか、自分自身を商品にするとか、そういう部分なんじゃないか。農産物を売る前にまず自分を売れ。

天童　あと、宮治流にトークを磨け（笑）。

宮治　自分を売る方法はいろいろあって、トークもその一つです（笑）。僕らの周りに集まっているのは面白いやつら。そういう人は生産物も売れている。いろいろな農家を見てきたけれど、生き残るのは売る努力をしている人。農協に卸すというのも否定しません。ずっとやってきたから、という惰性ではなくて、いろんな選択肢を検討した結果農協であればありだと思う。

いずれにせよ、これからは「いいものを作って、お客さんに思いを持って接する」というふうに考えていかなければいけないんですね。ＡＫＢ48じゃないですけれど、「会いに行ける農家」（笑）。会いに行って、その人と生産物のファンになる。

天童　機会と時間さえあれば農業をやってみたいと思っている、潜在的農業ファンって実は少なくないと思うんですね。土への憧れというのもある。だからわざわざ会いに行くんじゃないかな。

集まった人の中に、さらなる農業への応援の気持ちだとか、「このままでは日本の食生活も、子どもたちの未来の健康もダメだ、じゃあ自分は何ができるんだろう」と、農業はもちろん、そのもととなる土や水や自然を愛でる思いを持つ人が出てきて、広がっていくのなら、それは日本という国への希望にもつながるんじゃないですかね。

宮治　そうですね。「いいものはそれなりの値段がする」とか、「毎日外食してたけど、たまにはちゃんとしたものを買って自分で作って食べよう」とか。一人でも二人でも、そういう思いを持って帰ってもらえればいいなと思いますね。

食べ物っていうのは、いかに安く提供するのか、ではなく、命を司るものです。食は、伝統であり歴史のもとになっているもの。食文化の魅力を残していこうとなったら、農業は一番大事。今、観光立国をうたっていますが、安い農産物ばっか作っていたら、客なんか呼べるかと。うまいもの食べようとしたのに、チェーン店しかなかったらどうするんだと。食料自給率だけじゃなくて、そういうことも考えて、農業もやってかなきゃいけないと思います。

宮治勇輔《みやじゆうすけ》——1978年、養豚農家の長男として神奈川県藤沢市に生まれる。慶應義塾大学卒業後、人材派遣会社「パソナ」に入社。2005年に退社し、06年、家業の養豚業を株式会社化し「みやじ豚」を設立する。09年、NPO法人「農家のこせがれネットワーク」を立ち上げる。現在、「みやじ豚」の代表取締役社長、NPO法人「農家のこせがれネットワーク」代表理事をつとめる。

信念を買う

世論調査では今後世界は悪い方向へ進むと考える人が増えていますが、一方で自分たちの手で未来を明るいものにしようと活動する人が次々に現れている。希望は常に人の中から、歓喜はきっと人と人とのあいだから生まれてくる。

今、若者はどんどん内向きになっているとか、自分を中心に半径5メートルくらいの範囲しか見ていないだとかの論調を見聞きします。インターネットなど通信の発達で、加速度的にそうした内向き、自分中心の人々が増えつつある実感は確かにあるのだけれど、僕の視界に入ってくる中ですごくがんばっている若い人は決して少なくない。ネガティブな面ばかり取り上げて、世代やパーセンテージで切ってしまうのは違うのではないか、という思いがずっとありました。

やはり人間はまず動物であり、群れる＝つながることでしか生き延びることができないし、生の実感を本当には得られないはずです。意識的にしろ無意識的にしろ、そのことを感じ、人と人、人と社会とをつなげる仕事をしている人たちは、こうした時代だからこそ、生き物としてのバランス感覚で逆に増えてきているのではないかな、と考えています。

今回、宮治勇輔さんとお話をして浮かび上がってきたのは「縁」という言葉でした。彼は非常に弁舌さわやかで、オルグする、周りを巻き込む力がすごくある方。それと同時に、ナイーブさも秘めている方だと感じました。自分自身が傷ついたり、おかしいんじゃないかと不条理に感じたりした日常での問題が、バックボーンになっているように思います。

「一次産業をかっこよく、感動があって、稼げるように」というフレーズを前面に出しているけれど、その背後にはきっと、かっこ悪い面や、感動の乏しい日々、努力のわりには稼げない、という経験があるからでしょうし、だからこそ、「骨を埋める覚悟がなければ帰農すべきではない」という強い言葉も出てくるわけです。

「つながる」という言葉に関しても、違う言葉にしようと、言い換えを何度もしてらっしゃった。手垢のついた「つながる」という言葉に違和感を感じてらっしゃるんだな、と思いました。

農業というのは地域で助け合うけれど、ときにはその親密な共同体感覚がしがらみにもなる。それがあるから帰らない、帰れないということせがれもいる。共同体の窮屈さを身にしみて感じているからこそ、彼は旧来の世代が言ってきた「つながる」ということに関して、違う言葉を探しているんでしょう。それを感じたこともあって、話し合う中で「縁を結ぶ」という言葉が浮かび上がってきました。人工的、強制的なつながりではなくて、そこにある縁を大切にしていくという。

なぜ宮治さんにお会いしたかったかというと、一番には生き物にとって最も大切な食の問題、すなわち農業がないがしろにされている現状に、若い世代がどう向き合い、新しい道を切り拓こうとしているのかを知りたかったからです。

さらには僕の身近なところに、大変な思いをしている農家の人間が少なくないという理由もありました。僕は愛媛県出身で、幼なじみにミカン農家がいます。田舎に帰ると、必ず一緒に飲む。農薬にまみれて、「子どもにはとても継がせられないな」なんて笑っている。僕たちは自分たちが食べているものに関しては「無農薬のほうがいいんだろうな」なんて考えるけれど、実は柑橘類の無農薬栽培というのは実に難しいし、苦労してギリギリの許容範囲の農薬をまいてミカンを育てている人のことにまではなかなか思いをはせない。天候のことやら販路のことやら実に大変なことですよね。そんな中で、もう一度農業を見つめ直そうとしている人にお会いしたかったんです。

宮治さんは、立場上あまりネガティブなことは言えないかもしれないけれど、全てのこせがれが実家に帰るはずもないし、失敗も含めて、新たな提案や、人々に気づかせることが彼らの活動なんだと思います。実際に、みんなが帰農する必要はない。農業はそうそう簡単なものではないでしょうから。宮治さんの活動をきっかけにして、実家とこせがれが話し合って、これまであいまいにしてきた後継問題に踏み込むことで、帰る帰らないの、双方のもやもやした状態をはっきりさせるのも大切なんだろうな、と。有効な情報を提供して、そうか、であればやはり自分は悪いけれども帰らない、という言葉を引き出すという意味でも、大事な役割を果たされている。

「これからは自分自身を売らなければならない」という提案も、作り手の信念や信条を買ってもらうという面で、農業だけでない様ざまな仕事に通じることだと思います。作り手の思いを買う、というのは買う側もいい気持ちになるし、支え合っているという気持ちが残っていく。

農業というのは森を守り、里山を守り、水の流れを守っている。われわれが、これが日本だ、と感じてきた原風景や生活を形作っているものは、実は農業なんだろうと思います。だから本来の日本というのは、農業的なものなのではないか。農業をないがしろにするっていうことは、国を、日本そのものをないがしろにすることになる。同時に、新しい農業を作るというのは、日本の未来を作ることでもあると、あらためて感じています。

第三章 コミュニティーの基本はものづくり

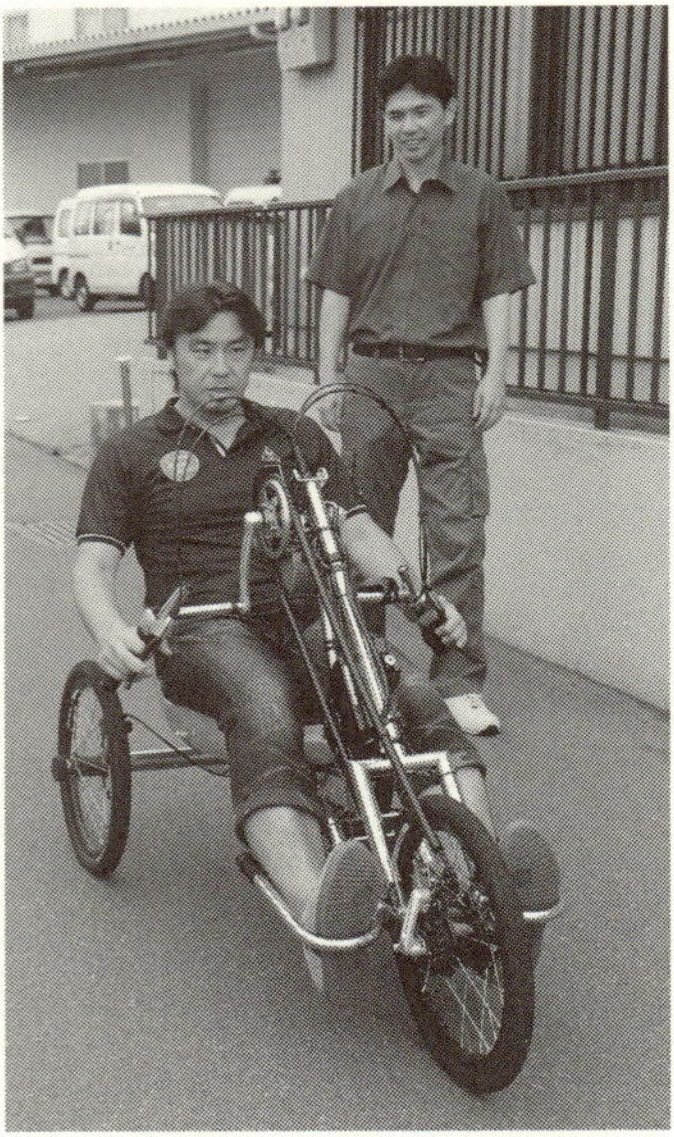

手でこぐ三輪自転車「ハンドバイク」。障害がある人もない人も、走る喜びを味わうことができる新しい乗り物だ。高い機能性とデザイン性が評価され、2011年度グッドデザイン賞を受賞した。日本で唯一のハンドバイク専門ブランド「HandBike Japan」の立ち上げ人で、宇賀神溶接工業所（埼玉県朝霞《あさか》市）代表の宇賀神一弘さん（44）は、大手旅行代理店勤務を経て家業を継いだ異色の経歴の持ち主だ。

脱下請け

天童荒太（以下天童） 日本は戦後、もちろん戦前からの基礎があってのことですが、ものづくりの国として発展し、ここまでの経済大国になったと言われています。実際に日本の職人たちの技術の高さは、古くから世界に賞賛され、宇宙開発にも日本のものづくりの技術が活かされている。けれど、経済のグローバル化につれて、コスト削減ばかりが求められ、中小のものづくりの会社や工場が生きていかれない状況に陥ってしまった。これは日本はもちろん、世界にも大いなる損失のはずです。前回が農業に関わる対談だったので、今日はこうしたことを踏まえて、ローカルな規模でものづくりをつづけつつ、新しいネットワークを構築しようとしている工業の人にお会いしたいと思って、こちらにうかがいました。

宇賀神一弘さん（以下宇賀神） いいこと言えるかな……。ま、天童さんは（明治）大学の先輩だから、いいや（笑）。僕も明治なんですよ。

天童 先輩と後輩ということで、都合の悪いこともバンバンしゃべってもらいます（笑）。

早速ですが、宇賀神さんは、金属加工を手がける溶接工業所の家に生まれながら、大学を卒業後、いったん大手の旅行代理店に就職されてますよね。

宇賀神　ものづくりから離れたという意識はなくて、普通に就職してという感じですね。大学のときに荷物を運んだり工場を手伝ってはいたけれど、家業を継ごうという気持ちはなかった。オヤジからも継げとは言われませんでしたし。

天童　なのになぜ実家に戻ろうと？　仕事が面白くなってきた28歳のときだったそうですね。

宇賀神　サラリーマン生活はどうしてもルーティンになってしまう。もちろん、旅行代理店での仕事は楽しかったのですが、一生これをつづけるのかな……と。

工場については、あるとき父からポロッと言われた言葉がすごく印象に残っていて。「（溶接は）いろんなもの作れるから楽しいぞ」ってね。自分も実家に戻って、溶接の修業をして自分で作りたいものを作れるようになってからやっと、この言葉の意味が分かるようになりました。ものづくりって楽しい、可能性がある仕事だな、と。男の子って、プラモデルとか好きじゃないですか。男の子には、ものづくりの血が流れているんじゃないでしょうか。サラリーマンはOne of Themですけど、職人はOnly Oneですし。人と同じ仕事をしたくなかったというのもありますね。

天童　一度家の外に出られて、あらためて戻られたことで、宇賀神さんは町工場に対して、家族、外部、実際に働く人間として……という3つの違う視点から見ることができたことになる。

宇賀神　家にいたときは、家と工場が離れていることもあって、工場に対するイメージってあまりなかったんですよね。給料日のとき、オヤジが現金を持って帰ってきて、「結構儲かるんだな」って思ったぐらい（笑）。でも、実際に自分が経営する立場になって、今まで分からなかったことが見えてきた。正直、厳しい世界だと思います。技術を習得するのは数日ではできませんし、忙しいときとそうでないときの波も激しい。景気に左右されてしまう。

それでも、「もの」を作るのはやっぱり楽しい。だからこそ、オヤジもやってこられたんだなと思う。

天童　製造業のことを現実に知らない人々の世界にしばらく住んでみて、町工場って、関係ない人からは、どう見られていると感じますか？

宇賀神　やっぱり、厳しい、きつい、職人の世界……というところでしょう。実際に現場を見てもらうと、楽しいんだなということが分かってもらえるんですが。なかなか、就職の選択肢には入ってこない。誰かしら、ものづくりに興味がある人はいるはずなのですが。

天童　僕は20代の頃に2年ほど町工場でバイトしていたんですが、無から有が生まれてきたり、無機的な原料が驚くほど美しい商品に変容したりする現場って面白いですよね。職人さんたちも、仕事には厳しいけど、仕事を離れると、人なつっこい、いい人が多いし。製造業に関して、外の人は食わず嫌いならぬ「知らず嫌い」なところがあるのかもしれませんね。何が原因なんでしょう？

宇賀神　工場自体が業務の性格上、オープンになれない。製品の受注をやっていると、守秘義務がありますから。

天童　ああ、実はそれに関して思っているところがあって。製品の製法とか原材料とか様ざまなコストとか、確かに企業秘密にしなきゃいけないものはあるでしょう。でもこれだけ広告社会になってて、製造業や職人の現場はしんどい、きつい、厳しいという、昔ながらのイメージを変えようという働きかけはまったく目立たない。要は、ものづくりが重要なものであり、かつ面白いものなんだと、外に気づかれては困る人たちがいるのではないか、と勘ぐりたくなる。つまり、町工場をあくまで陰に押しやって、生かさず殺さず使っていきたいというような思惑が……。

宇賀神 それはあると思います。あとは、職人がシャイだからということもあるんじゃないかな。どうしても、外に出て行かない。外への発信が苦手。

天童 そんな中で、宇賀神さんは積極的に外とつながろうとされていますよね。障害のあるなしにかかわらず走る喜びが味わえる、手でこぐ三輪自転車ハンドバイクもそうですが、いろいろなジャンルの専門家が集まったデザイン集団[*1]を組織したり……。

宇賀神 自社の技術をどうアピールしようかというところから始まっているんです。受注製品は守秘義務があるので、発信できない。じゃあ、営業するときに何を持って行くのか。自分で作って発表すればいい、と気づいた。溶接の技術を活かせるのはインテリア。そこからインテリアの勉強を始めました。

天童 そのモチベーションは、自社のためなのでしょうか。それとも、業界全体のため？

宇賀神 最初はやっぱり自社です。でも、ずっとやっていくうちに、このままじゃ業界全

＊1―デザイン集団「DESIGN HEART」……デザイナー自らが情報発信していくことをコンセプトに、2010年活動開始。建築家、インテリアデザイナー、家具・木工・金属加工職人など多岐にわたるジャンルの専門家が、コラボレートしながらプロダクトを作っている。イベントや展示会などをたびたび開催。http://www.designheart.net/

体が沈んでいくな、と。製造業は廃業する一方ですから。今は、若いヤツにものづくりに興味を持ってほしい、という気持ちでやっています。町工場って、こんなこともできるんだ！　面白いじゃん！　って思ってほしい。

天童　本業をやりながら、仲間といろいろな企画を実現させていらっしゃる。その一つ、ハンドバイク[*2]の手応えはどういった感じですか？

宇賀神　特別支援学校で試乗会をしたりもするのですが、乗った人に笑顔になってもらえる、ということですね。

天童　ああ、ネットで動画を拝見しました。車いすに乗ってる子どもたちの表情が、手でこげる自転車に初めて乗って、風を切って走り出したとたん、一気に変わる。目が輝いて、頬が紅潮し、いきいきする。

宇賀神　そうなんです。職人として、自分の仕事で人に笑ってもらえるなんて、最高じゃないですか！

天童　こんなものを作ってほしいという人と出会い、デザイナーの方と1年以上も試行錯誤を重ねた結果だと聞いています。インテリアのオリジナルブランド[*3]もそうですが、人と出会うことで、ためらっていた一歩を踏み出し、また思い切って外へと踏み出すことで、新たな出会いが生まれ、仲間も増えてきた……。

宇賀神　最初は東京デザイナーズウィークに出展したことがきっかけでした。デザイナーや、木工などいろんなジャンルの職人がいた。ただ展示会に出展するだけでは出展料に見合うだけの反響が得られない。だったら、自分たちで個展やろうよ！　と。それで翌年、西麻布で個展をやった。

天童　へえ。もともとリーダータイプなのかな？

宇賀神　そういえば、学生時代ラグビーをやっていたんですが、ポジションは司令塔でしたね（笑）。

今年で4年目になるんですが、最近では静岡県在住のメンバーもいます。どんどんつな

＊2―製造業の倒産件数……帝国データバンクによると、2012年の製造業の倒産件数は1506件。前年比5・3％減だったが、帝国データバンクは「大手電機メーカーが大幅なリストラ策を打ち出して以来、取引が減少し、下請け先を中心として倒産リスクが高まっている」と指摘している。

＊3―インテリアのオリジナルブランド「WELDICH」……宇賀神溶接工業所が展開するステンレス材を用いたインテリア製品を企画・製作するブランド。ステンレスの可能性を追究した製品は高い評価を得ており、2008年、全国公募展「ビアマグランカイ7」審査員特別賞など受賞・入選多数。

がって、広がっていっていますね。

天童 ものづくりに関わる人は、みんな、きっかけを待っているのかもしれませんね。

宇賀神 みんな、このままじゃダメだと思っている。ものづくりを支援する企業「ｅｎｍｏｎｏ」[*4]とか、「脱下請け」を目指す人が出てきていますね。

悪循環を断ち切る

天童 日用品をはじめ、人々の生活は実に多くの「もの」に囲まれ、「もの」を使いこなし、無意識のうちに「もの」に依存さえして、便利で心地よい暮らしを送っている。つまり現実の生活に必要不可欠となった「もの」を継続的に作らなければ、人はもう文明的には生活できない。いや、生きていけないかもしれないのに、値段のダンピング（不当廉売）や無茶なコストを押しつけたりして、社会が製造業をつぶしてしまっているのはとても怖いことだと思う。宇賀神さんから見て、製造業界における切迫してる問題を挙げるとしたら？

宇賀神 価格と若手不足[*5]の問題が大きいですね。価格については、先代の世代までは「あの技術があるから、あそこにお願いしよう」という部分が大きかったですが、今は1円でも安いところに持って行かれてしまう。中国とか、海外の工場と価格で勝負しなければならない。もちろん利益は薄くなるけれど、工場をつづけるためには、そういう仕事をとってこなければならないという現実がある。大量生産ならば作る量を増やせばいいんでしょうけれど、うちみたいな溶接業は手作業なので、1カ月で作れる量には限界がある。いざ価格競争に巻き込まれてしまうと、弱い。

若手の問題でいえば、新たに若い人を雇うのは、厳しい。一人前になるまでに10年はかかるし、今の状態をつづけるだけで精いっぱい。かといって、若い人が自分で始めようと思っても新規参入しづらい構造なんですね。自分で機械をそろえて……というわけにはい

＊4―ｅｎｍｏｎｏ……町工場と一緒に、各工場の自社製品の開発を支援する企業。大量生産ではなく、少量のニーズに合わせた高付加価値、高利潤のものづくりを目指している。大手メーカー出身者が２００９年に設立した。

＊5―中小企業の後継者不足……経済産業省などによると、後継者不足が主な理由でやむなく廃業・倒産する中小企業は、全国で年間約7万社。廃業率が起業率を上回り、企業が減っていく状況となっている。経産省は２０１０年10月、後継者がいない中小企業をＭ＆Ａの手法で事業継続させようと、地元の商工会議所に委託し、事業引継ぎ支援センターを東京、大阪に設置。その後福岡、北海道、宮城などでも発足した。

かない。飲食業などとは違って、基本的に売り掛け（代金を後で受け取ることを前提に商品を売ること）ですし。儲からないから人を雇えない、雇えないから活性化しない、という悪循環。衰退産業の王道です。

天童　ものづくりニッポンを、日本経済の基幹として国が推し進めようとしてきた印象があるのですが、現実的に、中小のものづくり現場に対する官の取り組みについてはどう思ってらっしゃいますか。

宇賀神　ものづくりの補助金[*6]は結構あるんです。でも、なかなか、ひっかからないですね。

天童　価格の問題にしろ若手不足の問題にしろ、現場をよく知らないと有効な対策案を出せないだろうと思います。実際に現場に足を運び、ものづくりの将来を現場の人と話し合ってる役所は、全国でどのくらいあるのかなぁ。

宇賀神　工業で町おこしをしようという自治体[*7]は、すごいですね。展示会への出展料の補助も出る。僕たちは指をくわえて見ている（笑）。でも、結局ぬるま湯の中でいい製品は出てこないとは思います。

天童　宇賀神さんの画期的なところは、現場の人が危機感を抱いて、つながる先を変えたところだと思うんです。今までは、ＢｔｏＢ[*8]だったのを、使ってくれる人と直接つながろうとしている。農業経営者が自分たちで販路を開拓し、消費者すなわち実際に自分たちの作ったものを口にする人とつながることで、本当に求められているものは何かを知り、そのための作物を作ったり、農法を変えたりして、新しいビジネスモデルを構築しようとする姿を思い起こします。その象徴の一つ、ハンドバイクをなぜ作ることにしたのか、あらためてお聞かせください。

宇賀神　事故で四肢がまひした人から、ホームページを通じて連絡があって。レース用の自転車はあったんですが、その人は「レース用はデカいし、地面が近すぎる」と。本当は断るつもりだったんです。でも、依頼者のところに行って、話を5時間ぐらい聞いたら、洗脳された（笑）。「これ、自分でも作れるんじゃないか」なんて。自転車作ったことも、

＊6―ものづくりの補助金……正式名称は「ものづくり中小企業・小規模事業者試作開発等支援補助金」。ものづくりを手がける中小企業・小規模事業者が実施する試作品の開発や設備投資などを支援する。

＊7―工業で町おこしをしようという自治体……東京都大田区など。約4000工場がある大田区では、新製品・新技術の開発支援事業や人材育成のための研修費用の助成など、区をあげて行っている。

＊8―B to B……企業（business）同士の取引のこと。企業と一般消費者（consumer）の取引はB to C、一般消費者同士の取引をC to Cという。

本格的なものに乗ったこともなかったのに。ちょうど新しいプロダクトを探していたということもあります。誰もやっていないものを作りたくて。

天童　障害があっても乗れる自転車はこれまで適当なものがなかった。でもあれば喜んでくれる人がいる。自転車は作ったことがないけど、思い切って踏み出してみたと。つまり「喜ぶ人がいる」と、「誰もやっていない」というのが、やる気のキーワードのようだし、それってパイオニアの心性ですね。

今、「もの」を作る人への社会の賞賛の目が低下していると感じます。特に問題なのは、現代は、汗を流さない人たちのほうが儲かってしまうシステムが、意識的に、インテリ層の都合によってでしょう、構築されてしまった。で、若い人も、汗をかかないほうがかっこいいし、仕事としても上等だと、無意識のうちに刷り込まれてしまってる。これって本当はかなり倒錯した状況です。

宇賀神　大きなきっかけは、海外から安いものが入ってきたことでしょう。9800円で変速ギアつきの自転車が買えちゃう。昔は、「あそこが作っているならこれぐらいの値段がして当然」という意識があったけれど、今はコスト優先。「もの」の価値でこちらに振り向かせるために、努力しなければならない。ハンドバイクも今は60万円以上しますが、それでも「安いね」と言ってもらえるようにがんばっていかなければならない。

天童 偏見を承知で言うと、僕の子どもの頃にはなかった100円ショップが、人の「もの」に対する適正な価値感覚を壊してしまったんじゃないかと思います。ショップの経営戦略や生存のために、中小の製造業者が安い手間賃で泣く泣く仕事をして、イーブンな取引では決して100円の価格がつかないはずのものが大量かつ多様に売られている。

これは行動経済学で言われてることですが、人は最初に脳にインプットした価格に、以後もずっと縛られる。幼いときから100円ショップに慣れた世代は、ものの適正価格を常に低く見積もり、どんなものも100円くらいで買えるんじゃないかと思ってしまう。ものが作られる際のコスト、ことに作り手の、なんとかよいものを作ろうという研究や汗までも安易に考える傾向が生じてしまって、結果として、ものを見る目も人を見る目も幼くなっている気がします。

宇賀神 全部使い捨てですからね。「もの」を大事にするという価値観が分からなくなっている。

天童 ものづくりは製造業だけの言葉ではなく、小説や映画やドラマでも用いられる言葉ですが、それぞれ一つのものの中には、スタッフの汗が詰まっている。宇賀神溶接工業所の取引先である研磨工場にも、先ほどお邪魔しました。職人さんの一心不乱な仕事姿はすごくかっこよかった。今までくすんでいたステンレスが、研磨によって鏡のようにピッカピカに美しくなる。でも、消費者のほとんどは、そうした職人さんの存在を知らない。何気なく身の回りにあるものの中には、かっこいい汗の結晶が詰まっている。そういう目線を持つことが社会の成熟につながるのではないか。

宇賀神　そういう意味では、ヨーロッパは成熟していると思います。いいものはいい、という考えが受け継がれている。

天童　幼なじみが高級時計のバイヤーなのでいろいろすすめられて困ってるんですが（笑）、スイスの時計とか、すごいでしょ。まず質が格段に違う。必然的に値段もケタが違ってくる。確かに100円でも時計は買えるし、時を計る役割は果たす。でも、経験を積んだ職人の本物の仕事には、価格という敬意を払って、長く大切に使用するのが、文化的にも精神的にも大事だと理解しているんでしょうね。

宇賀神　小さいときに買った自転車をカスタマイズしてずっと使っていたりね。すごくかっこいい。

天童　でも、われわれの多くはそのかっこよさを理解する前にどんどん手放そうとしている。ものに対する敬意を失った社会は、それを作った人への敬意も忘れる社会になる。めぐりめぐって、自分自身が誰にも尊重されない社会、どれだけがんばっても周囲から理解されない社会になるのに気がつかない。なんてもったいないことでしょう。

ところで話は変わりますが、宇賀神さんの工業所やオリジナルブランドのホームページはすごくきれいだし分かりやすいですね。アルゴン溶接[*9]などの技術についても丁寧に説明されていて、まるで工業高校の教科書みたい。これからの世代は、インターネットを通じて注文してくることが増えるだろうし、いわゆる町工場のイメージをスマートにくつがえされてる。

宇賀神　現場にいるとなかなか自分で営業するのは難しいですから。そういう意味では、旅行代理店時代の営業職の経験が生きている。

天童　やはり一度は違う釜のめしを食ったのが、よかったと。

宇賀神　普通に大学を卒業してこの仕事についていたら埋もれていたかもしれません。居

＊9―アルゴン溶接……アルゴンガスと、電気を使って行う溶接方法。精密な作業が可能で、通常では溶接できない金属も溶接することができる。ステンレス製品の重要部分、アルミの溶接方法として多用される。

酒屋でくだを巻いてたかも（笑）。

天童　就職を考えている学生がこのホームページを見たら、「こういうところで働きたい」と思わせるようなファッション性がある。職人さんたちが最も不得手かもしれない自己プロデュースとか、自己プロモーションって、今後生き残るのに大事な要素とお考えですか。

宇賀神　いかに若い世代を引き込むかはカギですね。ハンドバイクがきっかけで入ってきてくれればいいと思うんですが。今までの福祉機器ってネガティブな印象があった。けれど、町でハンドバイクに乗ると「面白いもの作ってるな」と注目を浴びる。健常者も障害のある人も乗れる。ある意味、障害がある人自身も壁を作っているところがあるんですが、そこを壊して、「どんどん外に行こうぜ！」と呼びかけるツールになれれば。

天童　単に一つの機器、一つの乗り物を作っただけでなく、いわば新しいレジャーを作ったということですね。そこにはこれまで存在していなかった未来の展望も含まれている。

宇賀神　「もの」の価値が変わってくる。そういう意味で興味を持ってもらえるかもしれません。本来なら、若い子を育てるって大事なことのはずなんです。でも、今の製造業では、現状を守るのでいっぱいいっぱいになってしまっている。

天童　工場の仕事は確かにきついし、汗にまみれるしで敬遠されがちだけれど、本来、どんな分野であれ美しいものは汗まみれにならないと生まれない。人々の喜ぶ顔が見たくて懸命に汗をかく者たちが、損をし、つぶれていくという、今の世界の倒錯を少しでも公平な形にたださないと世界は早晩滅びてしまう。

宇賀神　その危機感がみんなあって、この数年行動にあらわれてきているのかもしれませんね。

天童　町なかの工場、住宅地に隣接する工業所として、地域のコミュニティーについてはどうお考えですか。今日も、工場の前でハンドバイクに試乗させてもらっていたら、近所の人から声をかけてもらえましたよね。

宇賀神　工場って、うるさいし、基本的に地域から浮いた存在なんですよ。でも、ハンドバイクやホームページのおかげで、地元の人が工場を見に来てくれたり、朝霞市役所や、市議の方も熱心に声をかけてくれるようになりました。一般の人からも問い合わせがガンガン来ますし。外とつながることはすごく大事。周りでも、徐々にオープンファクトリー*10が増えてきています。ものづくりは楽しいと、多くの人に知ってもらうことですね。

天童　最終的には、「いろんなもの作れるから楽しいぞ」っていうお父さんの言葉に戻っていく、ですかね。作れるものに、人間関係や地域の一体感も入っている。

思うに、様ざまな「もの」が今、技術的な出来ではなく、単純に価格で一列に並べられてチョイスされるという非常に貧しい状況に対し、消費者を含め、社会全体があらためて本当の得、長い目で見ての利益とは何かを考え直す時期が来ている。

発注者の頭が、どれだけ費用を抑えて当座の利益率を上げるかという短期的な戦略しかないから、受注側も疲弊するという負のスパイラルは、結果的に消費者も単純な規格品しか手に入らないような状況になる。中小の工場が失われていけば国としての損失だし、セーフティーネットの支出も増えて、経済全体が潰滅《かいめつ》的に落ち込みかねない。質的にいいもの、オリジナルなものは、経済的にも、また文化的にも大きな恵みを最終的にもたらすんだ！　という視点をみなが共有できれば、変わっていけるかもしれないけれど。

宇賀神　そういう点では、少しずつ業界にもざわつきが広がり始めている。例えば、食品の冷凍機。ある大手企業が、今まではただのステンレスの箱だった冷凍機に、デザインを取り入れた。そしたらすごい反響が起きて。発注側も、加工機器にデザインを取り入れると付加価値ができると気づいたんじゃないかな。

天童　社会の変化や、発注者の戦略変更を、ただ待ってもいられませんもんね。生き残りに向けた当座のキーワードは、そうした「自前の一工夫」かもしれない。

宇賀神 僕らも、値段値段って言われると腹立つじゃないですか。だから町工場レベルでも、自社製品で生計をたてられるとすれば、今までコスト優先でやってきたところをうちは受けない！ と言える。発注者が困るぐらいがいい（笑）。

ビジネスはウィンウィンの関係じゃないとつづかないのに、いつの間にかウィンルーズになっている。そうじゃないよ、と。発注する側も自分たちでは作れないから出しているわけですから。そうなると、大事なのは自分たちの努力と技術です。発注側におんぶに抱っこじゃなくて、自立する。それができる町工場って、間違いなく生き残っていける。

天童 そして自立を助け合うネットワークが広がっていけば、製造業全体が変わっていくでしょうね。期待してますよ、後輩！（笑）

*10—オープンファクトリー……工場を特別に開放し、職人から作業の解説などを聞くことができるイベント。一般と学生向けのものがある。自治体単位では東京都大田区で開催されたほか、徐々に全国に広がりつつある。

宇《う》賀《が》神《じん》一弘《かずひろ》——１９６９年東京都生まれ。明治大学卒。日本旅行を経て、98年、宇賀神溶接工業所に入社。職人としての修業を積みながら、バンタンキャリアスクール、早稲田大学芸術学校をそれぞれ卒業。２００７年、オリジナルブランド「ＷＥＬＤＩＣＨ」を設立。10年、業種を超えたデザイン集団「ＤＥＳＩＧＮ　ＨＥＡＲＴ」の活動開始。12年、「ＨａｎｄＢｉｋｅ　Ｊａｐａｎ」設立。

孤立した消費者

今日は対談の前に、宇賀神溶接工業所の職人さんに教えてもらいながら溶接作業をしたり、取引先の研磨工場を見学させてもらったり、ハンドバイクにも試乗させてもらったりと、いろいろな体験をさせていただきました。

本当にものづくりは楽しい。なにしろ今までつながっていなかった金属の板同士が、一工程加わると、つながって別の形のもの、つまりは製品になるんですよ。すごいことです。アルゴン溶接は電気を使うので難しくて、何度かトライして一度だけうまく仕上がったときはうれしかったですね。「商品として売れる！」なんてほめていただいて、お世辞と分かっていても、もっとやりたい！という気になってしまった（笑）。研磨工場でも、職人さんの技術によって、くすんでいたステンレスが鏡のように美しく輝くようになるさまを見せていただき、実にカッコイイと思った。

ものづくり第一世代が持っていたものは、そういう気持ちだったんじゃないか。職人さんはシャイだからあまり口にすることはないけれど、実はすごく楽しいし、難しいことをやすやすと仕上げるかっこよさに憧れて、決して工賃が高くなくても、やりつづけられていたんじゃないか。もちろん、思うようにものが作れるようになるまでの修業は大変でしょうが。

今日は、指導してくれた〝師匠〟をはじめ、いろんな職人さんにお会いすることができたこともうれしかったですね。職人は気むずかしくて怖いというイメージがあるけれど、僕も20代の頃、町工場で職人さんたちと仕事をしてたんで分かるんですが、実は、いい意味ですごく〝普通〟の人たちですよね。人の笑顔が好きで、家族や友人との生活を大事にしていて、飾らずに、自分のやるべきことに真摯《しんし》に取り組んでいる。

そんなたくさんの職人が関わって、一つの製品ができあがる。企画デザインから始まって、素材の調達、断裁、溶接、組み立て、研磨、などなど大変な数の工程があるわけです。現場を見知ると、椅子一つとっても、どれだけの人が関わってるか、その手間が分かるし、「あ、相当研磨が入ってるな」なんて見る目が変わる。ものに対して、非常に謙虚な気持ちにさせられます。

対談中でもふれましたが、実際に手や足や舌で触れられるものへのリスペクト（敬意）が、今の社会では失われつつあると感じています。１００円で買えるものばかりに囲まれていると、いいものを自分たちで育てようという感覚を持てなくなってしまう。それは、今の世界にとってだけでなく、将来にわたる人間の大きな損失です。

子どもたちに、課外授業などを通じて、実際にものづくりの現場をもっと体験させてあげる機会があればと思いました。ものづくりニッポンを推奨しているのだから、国が一つの教育事業として取り組んでもよいことじゃないでしょうか。ものづくりにはこれだけの人が関わっていると身をもって知れば、たった一日で子どもたちのまなざしが大きく変わるはずです。ものに対して、タカをくくれなくなる。

今のわれわれは、消費者の心性に、日常生活全般、人格までをも侵されている気がします。できるだけ少ない費用、あるいは少ない労力で、ひとまず役立つものを手に入れる〝賢い消費者〟としてのふるまいを、あらゆる局面で行使することに慣れてしまって、賢い消費者が賢い人間であるかのように勘違いしている。

だから、ものごとを長い時間軸では考えられず、目先の損得だけで判断する。深い思索の必要なものは敬遠し、分かりやすいものに偏ってゆく。それは消費者として孤立させられていると言い換えてもいい。

与えられたものの中からただ選ぶだけの消費者を卒業し、自分たちには本当に何が必要なのか、自分たちの成長、次世代の安全や幸福、平和な暮らしのために、こういうものがほしい、それではなくこうしたものがほしい、と要求する市民へと変わるべきです。そのためにできる大切な一歩が、農産物ではもうどんどん行われている、生産者と消費者のジョイントでしょう。

その意味では、宇賀神さんは「ジョイント」をする人でした。溶接とは一工程を加えて、金属と金属をつなげること。彼は、受注生産だけにおさまるのではなく、消費者ともっと違うジョイント方法があるのではないかと探された。こちらもジョイントする権利があるんだ、と一歩を踏み出した。

ハンドバイクに実際に乗ってみると、新しい体の使い方に肉体が喜ぶのが分かるんです。特別支援学校の子どもたちの笑顔は、手でこぐという新しい感覚に、肉体が喜んでいるからでしょう。ジョイントの技術で人の笑顔を生むものを作っている。ジョイントが、ジョイン（ｊｏｉｎ、参加）を呼び込み、ジョイ（ｊｏｙ、喜び）を生んでいる。

ものを作ると、つながりが生まれる。生産者側は、細分化された部品の搬入先ではなく、自分たちが作っているものが何につながっているのかを知ることで、人の暮らしに溶け込む製品の利点や改善点、安全への留意点などが見えてくる。消費者側も、それらがどのように作られているのかを知ることで、製品の仕組みだけでなく、生産者の汗を知り、そこに感謝や尊重が生まれる。信頼が生まれ、こんなものを作ってほしいという要求も出せる。生産者はただ受注をこなしているのではなく、喜びのもとを作っているのだという実感が湧いてくる。

こうしたものづくりの良き還流が起きてくれれば、われわれの社会は深みのある豊かさを持てるのではないでしょうか。

われわれの生活は、食べ「もの」や使う「もの」で成り立っていて、決して数字や株価が支えているわけではありません。ものづくりは、国の根幹、あらゆるコミュニティーの基本です。現実の暮らしに活かせるものを作ったり、育てたりしている人をリスペクトすることが、この国の真の美しさを作り育てていくことにつながると思っています。

第四章 母親に寄り添う産後ケア

心身共に過酷な状況でありながら孤立しがちな出産直後の女性を、家事などを通じてケアするプロフェッショナル「ドゥーラ」。一般社団法人「ドゥーラ協会」は、ドゥーラの普及を目指し育成講座などを開催している。発起人の助産師、宗祥子さん（61）（写真左）が院長をつとめる東京・中野の松が丘助産院で、代表理事の丑田香澄さん（28）（写真中）、現役ドゥーラとして活躍中の藤城敦子さん（39）（写真右）と共に座談会が行われた。

他人への抵抗感

天童荒太（以下天童）　今日は、この世界の最も根本である命の誕生に関わっている方にお話を聞きたいと思います。様ざまな問題を含んでいることなので、あえて立ち位置が少しずつ違う3人にお集まりいただきました。まず、日本社会になじみの薄いドゥーラ[*1]とは何かを教えていただけますか。

丑田香澄さん（以下丑田）　ドゥーラとは「他の女性を支援する、経験豊かな女性」という意味のギリシャ語で、職業としてはアメリカ、イギリスで誕生したものです。ベビーシッターは赤ちゃん、家事ヘルパーは家事のサポートが主眼ですが、ドゥーラはあくまでも出産前後のお母さんを支えることに焦点を当てています。アメリカ、イギリスでは、サポートする時期に応じて、出産ドゥーラ、産後ドゥーラと呼ばれています。

＊1――ドゥーラ……アメリカでは、助産師という職業が一時衰退した経緯があり、出産前後の女性を支援する専門家「ドゥーラ」が一つの職業として確立された。ドゥーラには妊産婦を支援する「出産ドゥーラ」と、産後女性を支援する「産後ドゥーラ」の二つの役割が存在する。

日本ではもともと地域社会のたくさんの手で育児を支えてきましたが、核家族化など時代の変化によって、夫は外で稼ぎ、妻と子どもだけが家に残されるという、つながりのない中での子育てが増えてきています。そんな中、今の時代に即した形で出産直後の一番大変な時期を支える仕組みづくりのための組織がドゥーラ協会[*2]です。

宗祥子さん（以下宗）　日本には、かつて産婆[*3]さんという一番いい形で母親を支える存在がいました。出産に立ち会って終わりではなく、その後も家を訪れて定期的に母親をフォローする。けれど、病院出産が増えていく中で産婆さんはほとんどいなくなってしまいました。

それと反比例するように、特に都市部では、実家も遠く、出産前までバリバリ働いていて地域社会とのつながりもないという女性が増えています。実家が近くても、出産年齢が高齢化しているので妊産婦[*4]の親も高齢だったり、その上の世代を介護していたりして頼れない。娘の子育てを手伝う余裕が少なくなっている。

私は開業助産師として活動していますが、3人目のお子さんを出産される人など、「この人、産後どうするの」と心配になることがあるんです。旦那さんの帰りは毎日夜の12時で、近所に知り合いもいない。実家も遠い。上の子の世話で大忙しなのに、赤ちゃんの面倒も見なきゃいけない。そんな人がたくさんいるんです。

地方ではまだまだ親戚が手伝いに来て、というのはありますが、東京では本当に孤立していますよね。マンションのお隣さんが、おそうざい持ってやってきますか？　来ませんよね。

かといって、助産師は家に行って支えてあげたいけれども、たくさんの妊産婦さんを抱えていて、なかなか難しい。ベビーシッターや家事ヘルパーさんにお願いすることもできるけれど、人間の生活ってトータルですから、部分的に来てもらうよりは、話も聞いて、温かく見守るような人……つまり、かつての産婆さんのような形で彼女たちを支える役割の人間はいないだろうかと思っていたときに、アメリカでドゥーラという職業に出合いま

＊2―ドゥーラ協会……2012年3月設立。東京都を拠点に、「産後ドゥーラ」の養成、妊娠・出産・産後・子育てに関する知識や情報の提供などを行っている。一般社団法人「東京都助産師会」が後援。

＊3―産婆……助産師の旧称。出産を助けるだけでなく、妊娠時の見守りや、生まれた子どもの看護にまで関わっていた。宮参りや食い初めなど、子どもの成長過程での重要な儀礼に継続的に主客として招かれ、母子と深い関係にあった。

＊4―出産の高齢化……2012年の人口動態統計によると、女性の初産の平均年齢は、1975年には25・7歳だったが、徐々に上昇。2011年に初めて30歳を超え、12年に30・3歳になった。厚労省は「20代での出産率が低かった団塊ジュニア世代が、30歳以上になって子どもを産んでいる」とみている。

した。でも、アメリカでは出産の手助けをするドゥーラの養成が中心なので、日本でやるなら産後のケアを行うドゥーラの養成を、と思い協会を立ち上げました。

天童　藤城さんは、その養成講座[*5]の1期生ですね。なぜドゥーラに。

藤城敦子さん（以下藤城）　私は3人の子どもの母親ですが、出産育児がすごく楽しかったんです。高揚する感じで。自分の体をフル稼働して赤ちゃんを大きくするってなんてすごいんだろうって。

でも、出産直後は大変です。おっぱいから出血はするし、上の子の世話もしなきゃで育児ノイローゼになりかけたことも。それまで出産はゴールで、それからは楽しい子育てが待っていると思っていたから、「こんなの聞いてないよ！」となった。それでも、それを乗り越えたときに、自分はがんばってこられたな、と思って。自分の体って、赤ちゃんを産むために何十年も待っててくれたのか。おっぱいも、男のためにあるんじゃないんだ、とか。自分の体をフル稼働して、自分の分泌物で赤ちゃんを大きくしている。学歴じゃなくて、社会的立場じゃなくて、赤ちゃんが最優先事項なんだな、と気づいた。将来の道が開けた感じでした。

天童　社会的立場の前に、命を産み、育てる自分が、世界としっかりつながってる存在だと気づいた。

藤城　はい。これを若い人に伝えれば、みんな子どもを産みたくなるんじゃないかと思ったんです。とはいえ、出産後の大変さはなんとか乗り越えられるけれど、もうちょっとラクにする方法もあるんじゃないかと。3人目を自宅出産したときの助産師さんがドゥーラのような存在で、出産後も家に来てくれてマッサージしたり、話を聞いたりとすごく支えてくれた。こういうふうに、出産直後をうまく乗り越えられる手助けを私も若い世代にしてあげて、子どもを産み育てる喜びをより味わってほしいと思ったのがきっかけです。そんな中、もともとドゥーラという存在は知っていたんですが、日本でも協会が立ち上がって講座を開くと知った。「これはもう絶対！」と思って参加しました。

2012年2月よりドゥーラ協会認定ドゥーラとして活動を始め、今は月4、5家庭を担当しています。1年半やってきて思うのは、家庭状況は人それぞれなので、「こうあるべき」という理想像ではなくて、お母さん自身が自分の生を実感してもらうのが一番なん

＊5―養成講座……職業として母親・家事・育児のサポートを行う産後ドゥーラを養成。実習を交えた3～6カ月の講習の後、試験と面談を経て認定される。認定後は個人事業主としての活動のバックアップなどが得られる。費用は25万円前後。

だということ。ドゥーラの役割は、アドバイスするのではなくて、寄り添って、お母さん自身が持っている生きる炎をたきつけることだと思うようになりました。

天童　つまり、男たちを含めて、社会全体が、出産直後のママたちの大変さと孤立を知らなかった、あるいは知らされてこなかった。

母性神話は必ずしも善なる神話ではなかったと、育児放棄や心身への虐待など様ざまな家族問題を通じて、われわれは学んだはずだった。でも違う。われわれはやっぱり心の底では「お母さんは命にかえてもわが子を守るもの、愛するもの」と信じたい。それは養育者によって生存が保障される時期を経る生き物としての限界かもしれない。けれど信じたい願いが、盲信となり、個々の母親の事情を見ない社会になってしまっている。

少なくとも幸せな結婚をして、望んでいた赤ん坊を産んだのなら、そこにはまったく何も支障はないはず、たとえ周囲の助けがなくても、孤立した部屋に育児未経験の母子が閉じ込められていても「母親なんだからなんとかなるはず」と勝手な思い込みをしていた。現実には問題やニーズ[*6]がそこにあるのに、アナウンスされてこなかった。何が原因だったのでしょう。

丑田　一つに、日本人の気質があると思います。アメリカは気軽にベビーシッターを頼んだりと他人を家に入れるということに抵抗がない。けれど、日本は「里帰り出産」という言葉があるように、出産・育児を家庭内で解決すべきと思い込んでいる人が多い。例えば友達が赤ちゃんを産んだら、「2、3カ月経ったら遊びに行くね」となる。そっとしておこうという感じになりますよね。出産直後におそうざいを持って手伝いに行くという人はあまりいない。

同時に、お母さんも日本人的気質ゆえに「助けて」と言えない。たまに、出産2週間後ぐらいに、「ごめん、本当につらい、抱っこしに来て」と電話をくれる人はいます。そういうふうに、「助けて」って言える人はいいんです。でも、おおかたの人は、つらいけど我慢して乗り切ろう、ってなる。特に私の親世代は、時代性もあって専業主婦が多かった。仕事として専業主婦を選んだという意識が強く、「夫は遅くまで仕事をがんばっているんだから、私が家事と育児をしっかりやらなければ」と抱え込み、家を閉ざしてしまう。そんな中で育ったのが私たちの世代です。

＊6──ニーズ……協会によると、2013年2月の受付開始から9月までに73件の利用申し込みがあった。利用頻度は産後3週間くらいまでは毎日あるいは隔日。それ以降は産後3カ月くらいまで様子を見て週2回程度。遠方・就労・介護などの理由で実家に頼れない、あるいは頼りたくない状況下にある利用者が多いという。

家に他人を入れることへの抵抗感も根強いですね。ドゥーラを頼んだけれど、来てもらう前に1時間掃除しました、とか。今は、ネットでは育児相談はするけれど実際のママ友は面倒くさいから作らない、とかますます孤立化が進んでいるような気がします。

良妻賢母神話

天童　それぞれの時代背景や、家族構成とか近所づき合いなど、生活環境が影響していることなのに、今までの母親たちは、ともかくいろいろな苦難を我慢して乗り越えてきた、ということがある。本当に乗り越えたのか、そうとは言えないケースも多々あったとは思うけれど、ともかく助けもなくやってきた思いが確かにある。人間の、これはちょっと業《ごう》と言えるのかもしれないけど、自分がつらい思いをした、だから次の人にはラクをさせてあげよう、とはなかなかならないんですよね。

例えば息子のところへ嫁が来た。その嫁がちょっとの我慢もいやがると、どうしても黙っていられない。だから、下の世代に「我慢しなさいよ」と無言の圧力をかけてしまうことが、繰り返されてきた面があったのかもしれないですね。

宗　我慢が美徳という風潮があるじゃないですか。それに、出産後は頭がぼーっとするので、大変なうちになんだか過ぎてしまい、忘れてしまう。でも、本当はすごく過酷です。座って食べられない、眠れない、トイレに行けない、シャワーも浴びられない、その上旦那さんは夜の12時まで帰ってこない。誰も細かいケアをしてくれない状態で、ぼーっとして、どうしていいか分からない。どうすればラクになるかも分からない。そういうのが当たり前になってしまっているから、「我慢がないよね」となってしまう。

天童　いにしえからの良妻賢母神話、つまりは空想的かもしれない女性の理想像が、今もなお若いお母さん方を縛っていることもありますか?

藤城　初めて抱いた赤ちゃんが自分の子どもというケースも多く、雑誌とかでしかロールモデルを見ていない。理想ばかりが頭に入っていて、自分がそれに追いついていないというこことに苦しんでいる。人それぞれなんだよ、って誰かがぽっと言ってあげるとすごく安心します。

天童　生命の誕生というのは、生命体にとって一番の目標であり、最高の善ですからね。これを称揚することは誰からも認められている。なので、映画やドラマなどの表現においても、CMなどの宣伝においても、またニュースにおいてさえ、幸福の象徴として、人々に向けて発信されつづけてきた。

けれど命の誕生の喜びばかりがうたわれて、その光が強いぶん、影も濃くなり、母親たちの産後のリアルなつらさや、孤独、日常の生活上の苦しさが社会的に認知されてこなかった。あまりに子どもの誕生が最高の幸福というイメージが強過ぎるため、現実には負の部分があることを言うのは、タブー的にはばかられた面もあったのかもしれない。だから若い母親たちは苦しくても、助けを要求してもいいんだと知らなかった。自分がダメなのだと思い込まされていた。

宗　そこなんですよ。私が協会を立ち上げて、お母さんたちにどうしてほしいかというと、「助けを求められる人」になってほしいんです。

丑田　助けを求めることができる人は、実はすごく少ない。協会の理念として「おっぱい以外の子育てはみんなに手伝ってもらおう」があります。みんなを頼って、委ねていいんだよ、というメッセージを知ってもらう。

それから、「知る」と「つながる」。私自身も3歳の子どもの母親ですが、「知る」と「つながる」ということがなければ、産後うつ[*7]や虐待に向かっていたかもしれません。

私は時代が生み出してきた「勉強をしていい大学を出ていい会社に入って、バリバリ働く」という像を信じて生きてきた。いずれは子どもがほしいとは思っていましたが、会社にいる子持ち女性はごくわずか。子どもを保育園やベビーシッターに任せ、夜1、2時まで働くというスタイルでした。それで私は妊娠したときに、「ここにはいられない」と思って会社を辞めてしまい、同時にアイデンティティを失いました。

子育てが仕事だと思いながらも、周りの元同期はみんな遅くまで働いて飲み会をして、楽しそうに生きている。でも私は夜中の2時、3時に起きて、おっぱいをあげて、オムツをかえて。苦しかった。社会的に疎外感を感じていました。ふらふらと本屋に行くと、育児コーナーに並んでいるのは『0歳から始める子どもを東大に入れる方法』みたいな本。私の仕事は育児だから子どもを立派に育てることがいいのかな、とそういう本を買ったこともあります。そんな中、私を救ってくれた出会いがありました。バランスボールを通して産後ケアを行う教室があって、軽い気持ちで行ってみたんです。運動以外にも、自分がどう生きたいかとかを母親同士で話し合う時間があり、「私はこうしたい」という言葉を

＊7──産後うつ……産後約10日以内に気分が落ち込むなどの精神症状があらわれる一過性のマタニティーブルーがある一方、産後数週間〜数カ月で症状があらわれ、2週間経っても改善しない場合は産後うつが疑われる。各地の「子育て・女性健康支援センター」が電話相談に応じている。

取り戻していった。そういうネットワークの中で「委ねる」という言葉を何度も聞いて。抱え込まなくていいんだ、とハッとさせられた。「こう育てたい」ではなく、ただ目の前の存在を愛せばいいんだと後から教えられたんです。

私たちの世代は親との関係に悩んでいる人が多い。過干渉だったり、逆にネグレクト[*8]だったり。そういう人は、委ねることがすごく苦手です。そんな中、私たちの活動としてリアルな一歩目は何かと考えたとき、「いいんだよ、頼って」と繰り返し言うことで、その人たちが気づいてくれれば一歩だし、そこからさらにつながってくれれば二歩、三歩になる。親と自分の関係を連鎖させてほしくない。陳腐かもしれませんが、大人も子どもも「自分のままで楽しいね」といきいき生きてほしいですね。

宗　人間って自分が満たされていないと対象をかわいがることができない。初めて母親になる人間って、その人自身が傷ついたり、痛みが残っていたりしていると、対象を愛せないんです。まず、母親自身をいたわることが重要。妊娠後の女性って、心が粘膜のようなもの。普段ははね返せる言葉も、ぐさっと入り込んでしまう。そのときの傷つけられた言葉もやさしい言葉も一生残るんです。それを多くの人に知ってほしい。このときの言葉がもとで、熟年離婚にまで発展することもあるんですよ。

天童　身につまされるお話ですね。ちょっと自分の家のことが怖くなってきました（笑）。ともかく、夫婦はもちろん、社会がこれまでの神話から、意識して距離を置くことが必要ですね。必ずしも夫や親が助けにならないこともあれば、身内ゆえにひどく傷つけられることもある。大家族から核家族へ、さらに実家や友人とも離れて生活する孤立した家族へと、生活スタイルがさらに変わっていく中で、あえて他者に助けを求め、その助けに応えていく、という意識の転換と、現実的なサポートシステムが大事になる。そのシステムの有効な形の一つがドゥーラかもしれない。

長いあいだ変わってこなかった社会全体の意識を変えていくためには、出産前後の母親を他人が助けるという日常的な歴史を積み重ねていくことしかないと思いますけど、その過程での問題はありますか。

藤城　まずは家族の理解。それに、ドゥーラ自身も「来てほしい」と思われるような存在でなければならない。

＊8―ネグレクト……虐待の一つで、食事や衣服などの世話を放棄すること。2011年度の厚労省の調査では、全国の児童相談所が対応した相談件数5万9919件のうち、約3割にあたる1万8847件が該当した。

丑田　経済的な問題も大きくて、余裕がなくてドゥーラを利用できないという相談も受けます。海外では寄付で助けるという仕組みは整っているけれど、私たちはまだそこまではない。でも、個人的に思うんですけれど、子どもに習い事をさせるのも大切だけれど、産後に人を頼るというのは母親と子どもの一生を左右することだから、そこにお金を使うことも大事なんじゃないかな。

宗　介護保険みたいに、産後保険ができてもいいんじゃないかな。フランスでは産後のサポートを公的な資金で受けられたりする。日本でも自治体によっては子育て券を出していたりするので、それを利用できるようにしたり。あとは、女性にやさしいイメージのある企業とつながって、福利厚生として使ってもらうとか。

天童　とてもいいアイデアだと思います。これからは少子化が国の成り立ちにしても、経済的な面でも大きな問題になりますからね。国全体、また経済界全体が、産後補助という点に目を向けて、支援を打ち出すのは、とても有効な対策だと感じます。

ところで、私自身も小学生の子どもがいる父親なのですが、お話をお聞きしていて、子どもが生まれる前後や、赤ん坊の頃のことを思い出して、父親にもドゥーラがほしいな、って思うんです。昔はマッチョ文化で、「男が出産に立ち会うなんて」という空気がありましたが、時代もどんどん変わって、自分もそうでしたが、立ち会う父親は増えている。でも立ち会うことへのアドバイスは目にしない。愛する女性がわが子を産むわけですから、手助けをしたい。でも有効な手助けが何かよく分からない。それを伝えてくれる存在がないばかりか、社会的にはまだ男は家庭より仕事、という文化に縛られている。会社員だったら育休を満足にとれなかったりして、妻に対して肩身が狭くなるでしょう。でも仕事は仕事で大変。仕事から帰って育児を手伝っても、妻に言われたことをするので精いっぱいで、どこか主体性を欠く。で、妻はいっそう苛立つ……。母親もつらいけど、父親も仕事をしつつ、家事や子育ての一部を助ける日々に慰めもなくてつらい。互いに「こっちのほうがしんどい」競争が始まって、ハリネズミ状態でやさしい声をかけられなくなる。

そこで、父親にもドゥーラのような共感してくれる存在がいて、「パパも大変ですよね」って声をかけてくれたら、ホッとして、妻にもあらためてやさしくなれるんじゃないかと思うんです。そういうふうに男を育児へ引き寄せることで、変わることがあるんじゃないでしょうか。

宗 それはありますね。うちの助産院では、お父さんも共にお産をする。一緒に乗り切る。産むときは動物なので、お母さんの中には「あっち行っっててよ！」という人もいます。お父さんも「絶対僕は立ち会いません」という人も。でも、そんな人でも、いざ出産のときは、手を握り合って、涙を流してる。みんなが寄り添って産む。そうすると、男の人もその後が違いますね。

丑田　確かに、私自身を振り返っても無意識に「育児は私の仕事だから」と夫を遠ざけてしまっているところがありました。私の場合はたまたま価値観を変えられる出会いがあったので、夫と育児について話し合うようにした。そこから夫にも変化が生まれました。一番大事な存在である家族同士が話し合い、気づくこと。そのきっかけが必要なのかな。

宗　あいだに入る人がいないと難しいところもありますよね。

丑田　そういう意味でも、ドゥーラは外からの風を運ぶ存在として、きっかけづくりの一つになるかもしれない。

天童　感情をうまく言語化するって難しいですからね。

宗　言わなければ伝わりませんから。「察してほしいのに察してくれない」なんていう妊婦さんもいますし。

丑田　夫も夫で、「妻がいらいらしてバンとドアを閉める」みたいな（笑）。

天童　もともと言葉で全部言わなくても分かり合えるような相手だからこそ結婚したとも

言えるわけですから、なぜ察してくれないのかと互いに苛立ってしまう。けれど恋愛関係でやっていけてた夫婦二人のときとは、子どもの出産以後は変わってしまう。そのことを社会全体が認知すべきなんでしょう。互いの希望を上手に話し合うのには、実は相応の技術が必要なわけです。相手の立場をくみ取ったり、言葉を選んだり。その前提は、「愛し合っていれば言葉がなくても分かり合える」が幻想だと互いに気づくことでしょう。今回の座談会が、カップルの話し合うきっかけになればうれしいですね。

さて、今までの話を総合すると、個々の家族が、神話や幻想への依存状態から脱して、「主体的に生きる」ということがキーポイントになるのかなと思います。

ドゥーラ協会の報告や藤城さんのブログに出てくる家族には共通性があって、それはとてもよく「考えている」ということ。自分たちがこの子を産んで、今のこの社会の中で育てていく。そのことについてとても意識的だし、そのために必要な情報を得るアンテナを張っている。また、もしものときに助け合えるネットワークを持っていたり、広げようと努めたりしている。つまり、現在を生きている自分たちと、未来を生きる子どもたちには、何が必要かという具体的なヴィジョンを持つことで、家庭だけでなく、社会全体が徐々に変わっていくチャンスも広がっていくのではないかと感じました。

宗　そういう教育が欠けていますね。当たり前のことを知らないまま、バリバリ働くのが女性の価値観みたいな。それを否定しているわけではないけれど、人生のもう一つすごく大事な部分をないがしろにしている。

天童　逆に言うと、人々がみんな主体性を持って生きると、困る人たちがいる？

丑田　それはそうでしょうね。企業が求めているのは、英語ができて、会社を辞めない人材です。主体的に生きられたら困る（笑）。

でも私、今って、縄文時代から弥生時代に向かう過渡期だと思ってるんです（笑）。単身赴任が縄文。それに限界を感じた人が、じゃあ、農耕しよう、って。今、いっときの高度経済成長期の縄文時代を終えて、そろそろ弥生時代に突入するのかな、って。大企業を辞めて田舎に帰る人が増えていますし。

宗　まさに、出産は自分自身が生まれ変わるチャンスなんです。私自身も、半分諦めるような形で子どもを産みました。でも、それで人生が変わった。助産師さんによくしてもらって。今まで、「自分は満たされていない」と思っていたのが満たされた気がして。一番大変なときに支えてくれた夫への感謝は、10年は保つ（笑）。しんどい部分はあるけれど、プラスのほうで変わりました。自分のお産に満足できると、人間は生まれ変われるんです。

私のところでも、親から虐待を受けていたけれど、いいお産を経験することで乗り越えられたという人がいます。出産というせっかくのすばらしいチャンスがマイナスになることもある。それをできるだけ、プラスにしたい。できることは限られていますが、一人一人を大事にすることで、ちょっとは社会がいい方向にいくのかなと思います。

天童　実は誰もが肯定的に生きられる何かを求めている。だから、出会いやきっかけによって誰が主体なのかに目覚めると、変わっていける。今日は多くのいいヒントをいただきました。

丑田香澄《うしだかすみ》——1984年東京都生まれの秋田県育ち。慶應義塾大学総合政策学部卒。IBMビジネスコンサルティングサービス（現・日本IBM）、東京都助産師会による東日本大震災被災妊産婦支援事業「東京里帰りプロジェクト」事務局を経て、2012年3月一般社団法人「ドゥーラ協会」設立。

宗祥子《そうしょうこ》——1952年愛媛県生まれ。中央大学法学部卒。東京・中野区役所職員を経て助産師を志し、36歳で東京医科歯科大学に入学。病院、助産院勤務を経て、98年松が丘助産院を開業。2011年度東京都助産師会副会長、助産師有志で被災地支援を行っている一般社団法人「ジェスペール」代表理事。著書に『安産力がつくナチュラルなお産の本』（アスペクト）など。

藤城敦子《ふじしろあつこ》——1973年愛知県名古屋市生まれの岐阜県育ち。テレビの通信販売番組のバイヤーを経て、ドゥーラ協会設立の1年半前から個人的にドゥーラとして活動していたが、協会設立を機に養成講座を受講。協会認定の産後ドゥーラになった。訪問地域は東京、千葉、神奈川、埼玉。常時半年先まで予約でいっぱいという人気ドゥーラ。

家族を開く

ドゥーラ協会にお話を聞きたいと思ったのは、育児の現場でお母さんたちが陥っている危機を社会が認知していないことと、ドゥーラ協会が具体的にそれに向き合っているということが新鮮だったからです。危機に向き合うことは、希望にもつながることですから。

自分自身も父親として、子育ての当事者です。母親一人が自分の時間をまったく持てず、ほっと息をつく余裕もなく、部屋に閉じこもって子どもと向き合っているという状況は実際にある。その際子ども一人だけでも大変だと思うのに、二人目とか双子とかほかにも子どもがいたら十分な育児は難しい、というか親の心身が保たないな、という実感を持っていたので、座談会でのお話には、非常に腑に落ちるところがありました。

ドゥーラのみなさんとの対話の中から浮かび上がってきたキーワードに「主体性」があります。出産の方法、出産の場所、出産後はどこでどう過ごすか、メリットとデメリットを自分たちで考え、必要なものを準備する。それができている人たちは、出産も産後も幸せな気持ちで迎えられている。でも、実はそれは出産・育児に限られたことではなく、人生の諸相全てに言えることです。

現代では、人々のニーズを企業が先回りにリサーチして、人々が要求する前に需要を満たすシステムや商品が発達しています。幼い頃から声を上げて要求する必要のない暮らしに慣らされてきた結果、例えばの話、選挙に行かなくてもそんなにひどいことにはならないだろう、自分たちに必要なものは誰かが要求して用意されるだろう。もし私はほしいのに、新しい商品も法律もできず、何も用意されなかったら、私の欲求が間違ってるのかもしれない、だから我慢しよう……そんな幻想めいた考えさえ抱くようになっていく気がします。だから本当に助けがほしいとき、応えてくれるシステムがないと、自分のほうが変なのかと思って、うまく声を上げることができなくなっている。

でも実際には、全てのニーズに行政や企業が応えているわけではない。行政にしろ企業にしろ、男たちが決定権を握っている場合が多いせいもあるのか、パーソナルでデリケートなものである出産・育児という場では、ニーズに応える社会システムが追いついていない。神話にも縛られ、ニーズがあるのを当事者が認めること自体、ある意味タブーだった。だから、母親たちは声を上げられないまま追い詰められてきてしまった現状がある。そこにドゥーラが、安心してサポートを依頼できる存在として現れた。子どもを持つことに不安を抱く人もポジティブになれる選択肢だと思います。

経済優先の競争社会の中では、自分の要求をはっきり言わないと、何の不満も願いもないんだな、とスルーされて、羊のような消費者および納税者として、ただ利用されるだけになる危険性がすごくある。われわれに必要なのは、正しく要求し、タイムリーに助けを求めること。その主体性をあらためて獲得するチャンスが、妊娠・出産・育児なのかもしれない。夫婦でもう一度しっかりとどんな家族にしていくのか、どんな子育てを望むのか、互いのヴィジョンを共有し合って、そのために、お互いに何をどう要求して、何をゆずって、合意していくのかを話し合うと、人間としてすごく成長するでしょう。

そして、その成長の可能性は、この社会を大きく変えていく可能性ともつながっている。それが見えた今回の座談会でした。

赤ん坊という生命体をしっかり見つめると、相手からちゃんとサインが返ってきて、そのニーズに応えられるようになる。出産・育児を通して、他の生命体からのニーズを受け止める能力が自分の中にあるという気づきは、子育てだけでなく、世界中の困っている人に応える内的システムを、人間が本来持っている、という希望にもなるのではないかと夢想します。私がずっと考えていることに、「なぜ人は人を虐げなければ生きられないのか」という根源的な問いと、同時に「なぜ人は人を救うのか、救おうとするのか」という問いがあるのですが、その答えの一つがここにあるのかもしれないと思いました。

座談会の前日に、ドゥーラを利用している二児のお母さんにお会いしました。三歳と生後二カ月の男の子を抱えて、常にどちらかが泣いている状況で、台所にも立てない、自分も満足に食事できない、産後の心も体も不安定な状態の中、ドゥーラさんに来てもらって本当に助かったとおっしゃってました。3歳の子が重い病気になったときは、背中をやさしく撫でてもらって、涙が出てきたと。今は「自分もいずれドゥーラになって、未来のママたちの支えになりたい」ともおっしゃっていた。これもすごく大きな希望の芽だと思います。

生命を助けられたり、支えられたりする経験をして、本当にそれは今の時代、これからの社会に必要なものだと実感された人が、少しずつ生まれている。この幸せを次の人たちに渡そう、受け継いでゆくべきだと思い、実際に行動に移した人も出てきている。企業や行政が先回りして用意したニーズではなく、母親たちが心の底から望みながら、今まで表に出なかった、社会の根幹にかかわる「手助け」を中心に、手を差しのべ合う人が増えていく。子育てが一段落した女性の働き口にもなるなど、経済的な効果も期待できるでしょうし、どんな形にせよ面白い連鎖が生まれそうな予感がします。

結局、人は一人です。どれほど愛し合っていようと、深く深く理解し合っていようと、人は誰かの代わりに生きてあげることはできない。他者ができるのは、一人では立つことが難しいときに手助けをしてあげることだけです。日本は昔から家族がその役割を担うべきだという意識が強いけれど、家族関係に恵まれなかった人は少なくない。それをわきまえておかないと、孤立している人をさらに追い詰めてしまう。時代の移り変わりによって家族のあり方も多様になってきて、他者が入ってくるほうがかえって落ち着くという人が、実は大勢いるのではないでしょうか。

他人が家に入ってくることを「家族が壊れる」などと言ってネガティブにとらえる人もいますが、私は逆に「家族が開かれていく」「社会が広がっていく」と、ポジティブにとらえたほうがいいと思っています。他者が家に入ることは侵害ではなくて、社会に自分たちを開いていくチャンスだと考えたほうが建設的でしょう。

これからも絶対になくならない出産と育児。その中に、これからの社会を変えていくチャンスがあるということほど、大きな希望はないと思います。若い世代が旧社会の閉じた価値観や、誤解に満ちた神話を超えて、主体的に新しい世界を作っていく可能性が前途に広がっているわけですから。

第五章

モードは世界を変える

国内約90店舗のショップやギャラリーを展開する「アッシュ・ペー・フランス」。扱う商品は服飾をはじめ、アクセサリー、インテリア、果てはアートまで、「生活と文化」に関する様ざまなジャンルに及ぶ。元カルチャー誌の編集者で、魚河岸で働いていたこともあるという代表取締役の村松孝尚さん(60)とモードの本質について語らった。

10年先から考える

村松孝尚さん（以下村松）　今日はお会いするのを楽しみにしていました。昔、書店で彫刻家・舟越桂《かつら》さんの作品を表紙に使った『悼む人』を見かけて。舟越さんの作品を使うなんて、どういう感性の人なんだろうって。

今日こうやってお会いする前にも、天童さんをアテンドしていたスタッフから電話がかかってきて、天童さんの行動を逐一報告してきた（笑）。対談の前に実際に店を訪れて、洋服を着てもらったり、買い物していただいたり、足を使ってくださった。最初からびっくりしました。

天童荒太（以下天童）　いえ、とんでもない。僕はまったくファッションに疎いんです。四国の田舎の出ですしね、周りもファッションに気をつかう友人はほとんどいなかった。東京に出てからも、表現者になりたい一心で、ファッションのことを考える余裕が、精神的にも金銭的にもなかった。その感覚をつい最近まで引きずっていたので、服を買うこと自体、本が刊行されて取材を受けるときくらいにしかなかったんです。でもそれではいけないと（笑）。人間にとって根本的に重要な衣食住の「衣」、つまりファッションをきちんと見つめることが、今大切なんじゃないかと、勘のようなものが働きまして。この一連の対談は「つなぐ、つながる」をキーワードにしていますが、「ファッション」に対して、「つながる」というイメージはあまり持たれていないように感じます。そんな中、アッシュ・ペー・フランスは服飾だけでなく、インテリアやアートまでを扱って、多様な形でファッションと人々をつなぎ、各国のよきものを買い付けて、日本と世界をつないでいる。さらには、新人を発掘しつつ、アンティークなものにも光を当てて、これから輝くだろうものや、今まで埋もれていたよきものと社会とをつないでいる。

そんな仕事をされている村松さんとお話しすることで、これまでの、そしてこれからの日本のあり方が見えてくるのではないか。そう思って、今日はうかがいました。そのためにもまず実際に各店舗にうかがってみること、服を試着してみること、さらにやはり自腹で買うということをしないと、服のことは本当には分からないと思いまして。ちなみに本も、足で書くタイプの人間ですし（笑）。

さて、まず社名ですが、アッシュ（H）はフランス語の子音で、発音されませんよね。そういう文字をあえて持ってきたのは、どういう意味があったのでしょう。

村松　まず、僕はもともとファッション業界の人間ではありません。だからこういういろんなことができているんだとも思う。

最初は小さな出版社にいたんですが、給料が6万円で、結婚して子どももいたら食べていけない。たまたま家内が洋服屋につとめていて、オーナーが自分は引退するので店を買わないかと。それでファッションの世界に入った。

家内に仕入れから何から全部教えてもらって、店を始めたのが東京・原宿のラフォーレだった。原宿（Ｈａｒａｊｕｋｕ）でやる仕事（Ｐｒｏｊｅｃｔ）だからＨＰ。ベタな名前ですけれど、自分にとってはベタではなくて（笑）。原宿は日本中から若い人が集まる場所。いわば日本の思春期で、エネルギーがニキビのように噴き出していた。原宿から悪いものも、新しいものも生まれるんだと。そういう存在でありたいとの思いを込めました。

でもそのうち、小さな箱の中で洋服屋をやっているのに飽きてきた。外に出たくてしょうがなかったんです。そんなとき、たまたま地下鉄の駅で学生時代の知人に再会して、彼の奥さんがパリで帽子を作っているから扱ってくれないかと。「これでパリに行ける！」と思いました（笑）。

で、すぐにパリに行ったんですけれど、そこで出会ったのが、帽子や指輪、バッグとかをいろんなデザイナーから集めているフランソワーズという女性のバイヤー。当時、アクセサリーの価値は、金《きん》の重さや宝石の大きさで決まっていたのですが、彼女が集めてくる指輪は、石を針金でぐるぐる巻いたようなもの。でも、そこにはクリエイション（創造性）という価値があるんですね。それを見つけるのが彼女の「目」なんです。そもそもバッグなんて、物が入らない（笑）。

バッグっていうのは、物を入れるものだと思うけど、そうじゃない。おしゃれという、全体を作るための部品なんだと。そういうものの見方を彼女が全部教えてくれました。日本での売り上げを全部ポケットに突っ込んでいったんですけど、あれ買えこれ買えと、彼女に全部巻き上げられて（笑）。

で、東京に持って帰るんですけど、在庫の山になる（笑）。経理担当者に「2000万円やるから、これを使い切ったら終わりにしてくれ」と言われて、また会社を作った。HPに、フランスを付けて、「アッシュ・ペー・フランス」。

僕はもともと、ファッションを分かってファッションの仕事をしたのではなかった。出版社では今でいうカルチャー誌をやっていたんですが、オルタナティブ（現在あるもののかわりに選びうる新しい選択肢）という考え方がテーマだった。オルタナティブの原型っていうと、ヒッピー。ヒッピーっていうといろんな説明の仕方があるので難しいんですけど、僕は「新しい考え方、生き方」だと思う。つまり、テーマでいえば、出版社での仕事と30歳過ぎてから始めたファッションの仕事はつながっているんです。

天童　村松さんはかつて魚河岸で働いていらっしゃったんですよね。ホテルの皿洗いをしていたこともあると。いわゆるブルーカラーですよ、なのに過去のインタヴューで「魚河岸より稼げると思って婦人服のお店を買った」とおっしゃっているんですけど、ファッションのファの字も知らない人がなぜそう思えたのか。普通、何も知らないのに稼げるなんて思えないし、素人がお店なんて怖くて買えないですよ。よりにもよって婦人服という、それまでのキャリアとはまったく関係のない、先の見通しも利かない仕事をなぜ選択したのか、なぜやる気になれたのか。大きなポイントだと思うんです。

村松　なんであの話受けたんだろう……いろんなことを考えないでやってきていますね……。どうしよう、気の利いた答えがないんですけど（笑）。魚河岸にいたのも、とにかく考えるのをやめて体を動かそうと。考えててもお金にならないから、起きているあいだは全部体を動かしていようと。婦人服店を買ったのも、自分で自分のお給料を決められるとか、そっちのほうだったのかな。がんばればなんとかなると思っちゃったのかな。

天童　子ども時代からファッションに憧れていたとか。

村松　まったくないです（笑）。僕は長野の山奥の出身で、自分でズボンなんか買ったこともない。自分の原風景にファッションや、アート、クリエイションという要素はまったくなかった。土瓶を正面から描けと言われても、どう描いていいか分からないような人間ですから。

天童　自分の中にある可能性を探ることが大事だと気づいたとき、人は大抵まず自分がクリエイターになろうとする。でも、村松さんは紹介する側に回った。これは？

村松　自分でこういう役割をしようと決めたわけではないんです。でも、今振り返ってみると、人からいただいた話は断っていないですね。家内も、まさか僕があの話を受けるとは思わなかったって（笑）。パリのフランソワーズにしても、あれ買えこれ買えって、言われたとおりにしてきただけ。自分で全部決めてるんだけど、その反対、自分では何も決めていない。出会った人との何かで決めていく。

天童　自分では何も決めずに、ここまで大きな組織になった……って意外ですね。まったく立志伝が書きにくいじゃないですか（笑）。ともかくフランソワーズさんをはじめとして有能なバイヤーさん、また才能あるデザイナーやクリエイターの方々、店舗やストリートおよび各種イベントのプロデューサーやスタッフの方々など、今は実に多くの人がアッシュ・ペー・フランスに集まり、輪を広げつづけていらっしゃる。つまり人ですよね。どうでしょう、人を発掘することには自信があったのですか？

村松 正直なところ、自信なんてないですよ。今起きていることは何か、っていうことは考えてきましたけれど、ずっと。ことの本質を。でも、振り返ってみると、人と会ったときに、瞬間的にその人の中に自分が入っていっちゃうっていうか、そういうところはありますね。鼻の穴から、シュッと（笑）。

天童 わ、怖ッ。今入られちゃいましたね（笑）。村松さんは日本各地、また世界の興味を持たれた国や地域へどんどん出かけられて、新しいものや、新しい輝きを放つアンティークを見つけてこられるわけですよね。人材を見いだされてきた方法論にも通じるものがあると思うのですが、会社のあり方、組織の進む方向を含めて、村松さんの中では、原則的にどういう判断基準が働いているんでしょう。

村松 社会がどうあるべきか、というのをいつも考えています。社会がどうあるべきかを考えれば、会社のあり方は自然と決まる。社員にも「会社ではなく社会だと思って仕事をしろ」と言っています。ギャグみたいですけど、社会をひっくり返せば会社ですから。

つまり、未来から考えるというか、「こうあったらいいな、こうだったら人が気持ちよくいられるな」と考える。先に未来の絵を描いて、そこから今日何をすべきかを考えます。会議をやっても、大体は「昨日までこうだったから明日はこう」って、過去のデータになっちゃう。でも、そうじゃないんだと。

もちろん普遍的なものはあるけれど、時代の中で何を大切にすべきかって変わってくる。今の日本であれば、クリエイション。創造性が必要だと思う。教育も、会社も、創造的であることに、まじめであるべきだと思います。

天童　創造性というのは、人の真似をするなということでしょうか。

村松　真似はしてもいいんだけど……。未来を切り拓いていくということでしょうか。例えば、男女が結婚して、二人でもっともっと幸せになるような生活を作っていくことも創造性だと思うし。小さなことも大きなことも、「どうあるべきか」という未来から考える。それが創造性なのだと思います。

天童　未来の社会と、そこに暮らす未来の個人を、具体的にイメージして、その上で今必要なこと、今有効なことは何かと逆算して動く……非常にイマヂナティヴなコンセプトですね。何年ぐらい先まで考えるんですか。

村松　ほとんど見えないけれど、100年先まではある。30年先までは、無理にでも絵を描きますね。そうすると、10年ぐらいはわりとはっきり見えてくる。

天童　それは紙に書くんですか？

村松　そう。自分の脳みそと会話するんです。寝る前、布団の中とかでね。お店を立ち上げたときぐらいから、ずっと書いてますね。従業員が3人しかいないときから、20人ぐらいの組織図を書いていた（笑）。いつも先のことを考えてきました。過去から未来を考えない。未来から、明日やることを考える。

天童　見習いたいなあ。「もの」をセレクトするときには、基本としてそのどこを見て選んでいくんですか。

村松　売れるから選んだかというと、そうではない。「もの」ではなく、「この人が作っているものを買おうよ」ということですね。やっぱりクリエイションが本質的な人と、コピーの人がいる。多くはコピーなんだけれど、その中から本質的な人を見抜いていくんです。難しいけれど。まずは人です。パリでもそうだったんですけど、すれ違って気になる人がいるとアパートまで追いかけていってつかまえちゃう。ストーカーですよね、ホント（笑）。

かといって、本質的な人が売れるとは限らないから、そういうところはバイヤーが精査していくというやり方です。

あとは、現象ですね。例えば、今ニューヨークにチェルシーマーケットという商業施設があるんですけれど、服屋さんの隣にパン工場があったりと、ネットではできない体験型のショッピングなんです。決して値段は安くないけど、すごく人が集まっている。ショッピングモールを造るとしても、そこにどんなお店を入れるかではなく、こういう現象を作りたいと考えるほうが重要だと思います。うまく説明できないんだけど……。

天童　いや、説明しにくいところに一番大事な要素が隠れているんじゃないですか。つまり、言葉でちゃんと説明できるっていうことは、ほかの人もきっと説明できてしまうわけで、その時点ですでに古くなるでしょう。

村松　分かりにくいものに大事なもの、未来がある。どうしても、人は異質なものを悪意なく自動的に排除してしまうんですね。社内でもそれは起きていて。僕は異質なものをやっていて、「村松プロジェクト」というセクションを作っているんですが、どうしても「社長、またお金かかりますよ」って言われちゃう。それが窮屈で、結局、自分が作ったプロジェクトから、自分が出てしまうという。もうわけ分かんないですよ（笑）。社員の人、すごくがんばってくれているんだけど、普通は異質を駆逐する。それは、社会全体で起きてることですよね。

天童　会議で大勢に向けて分かりやすいプレゼンテーションができるときには、どこかの有能な誰かもきっと人を動かす説明ができているわけで、自分では新しい提案だと思っていても、実際には先行者がいて、二番煎じ三番煎じになってしまう。ほかの会社でも、どこでもできちゃう。実は、説明できない、というところが新しい。

村松　それを説明しろ、計画出せ、と言われる。だから社長が追い出されちゃう（笑）。がんばって、異質が存在しうる社会というか、会社づくりをやっています。

天童　人はつい他人が持っているから、流行っているから、ということで安心してしまう。でも、そんな中で、自分がよいと思ったものをよいと信じ抜くことができる感性って、磨きうるものなのでしょうか。

村松　磨けると思います。振り返ってみると、自分で自分を泳がせてますね。自分で自分がほしいと思ったものを買わせてあげる、自分に許す。ほしいという気分が基本ですね。普通のギャラリー主は自分で美術品を買わないでしょう。僕は自分でほしくなっちゃう。アートと家具は自分で口出して、自分で買っちゃう。給料もらっても、また会社に貢いじゃう（笑）。

天童　自分で買っちゃう、は別として（笑）、そういった独自の感性を人に伝えるのは可能でしょうか？

村松　もちろん、そういうのを感じ取ってくれる人はいますよ。感じ取って、自分でどんどん面白いことをしてくれる。

天童　そういった勉強は、どこで、どうすればいいのでしょう。

村松　まずは、世界を見る。コピーするのではなく、感じてくること。感じれば、考えるし、それが思想になる。迷わずに自分の感性を押し出せるようになる。

天童　つまり一歩踏み出すこと、何事によらず、まず体験してくるっていうのは……。

村松　絶対に大事ですね。財産になります。

個人の解放

天童　村松さんは、いろいろな人と積極的に会い、感性の合う人を選び、その人の言葉とか考えを信じてこられた。さらに、それらの人々を選んだことに対する自分の勘を信じて、体力と財力をつぎ込んできた。結果として、オンリーワンの存在になられたわけですが、裏を返せば、人と会うこと、そして人を選ぶということが、実は何より難しいことなんじゃないか。みんなができることなら、オンリーワンにはなれないわけですから。

それは思うに、村松さんは、人から影響を受けることを恐れなかった、ということなのではないでしょうか。

村松　すばらしい（拍手）。言葉として言っていただいたのは初めてですが、真だと思います。僕、人好きだし、人生の中で嫌いな人っていなくて困るなって。影響を受けることを恐れなかったっていうのは、本当にそうですね。

天童　人から影響を受けることを恐れず、むしろそれを喜ぶ。僕は、これが「モード」の本質なのではないかと思うんです。ファッションの第一義は「飾る」ということではなく、「人と会う」ことなのではないか。会って、影響を受ける。それを喜ぶ。また会う人に影響を与えて、喜んでもらう。それは、もてなしと言い換えることができるかもしれません。人と会うから、人をお招きしたから、自分や部屋を飾る。人と会うことを抜きにして、ファッションをすることは無意味なのではないでしょうか。

村松　もう、びっくりですね。モードの本質は人に会うことと言われると、理にかなっている。ファッションをやっている人は、そういう視点でモードを見ていませんから。

天童　村松さんご自身、モードに対する新たな視点によって、消費者の眠っていた才能を開花させてこられましたよね。

村松　僕は、日本人の女性のクリエイティブなものに対する理解力の高さは、世界一だと思っています。フランソワーズから財布も入らないバッグにクリエイションという価値があると教えられ、日本に持ってきた。そうすると、日本のお客さんは一人買い二人買い、クリエイションという消費市場を作らせていただいた。金の重さとか、そういった誰かが作った価値観ではないクリエイションに対して、「あ、いいんじゃない」と自分の中に取り込んでいける感性。それを引き出すことができたというのは、誇りに思います。そうして20年前に若いお客様だった世代が、今やクリエイターとして発信する側に成長している。ものすごくレベルが高いし、ニューヨークのギャラリーでも発表していきたいですね。日本の女性のクリエイティブなことに関する感性は、クールジャパンというか、世界に出せる。

天童　クリエイターに才能ある人がどんどん出てきているけれど、まずその前に、この国は、受け手が世界一だと。

村松　すごいと思う、本当に。もともとの風土がすごかった。日本は、不景気だとか少子化だというけれど、それと一緒にマーケットが沈むというのは間違っていると思う。体の中に眠っているものを送り手側が引き出していけば、いくらでも消費市場は進化していく。

天童　でも、男性はまだまだファッションを楽しむところにまで行けていない。僕もそうだけれど、服を買いに行っても、店員さんが近づいてきただけでびびっちゃう（笑）。

村松　汗かいちゃうもんね（笑）。まず、たくさん買うことですかね。たくさん買ってたくさん持ってたら、じゃあ、今日のコーディネートはどうしようとなる。でも、そうはなってないですね。スーツ着て、下向いてコツコツいかざるを得ない。

天童　男は質実剛健をよしとする、という文化に縛られてきた時間が長いですから、飾るということが、なんとなくマイナスイメージになってしまっていますよね。でも今回、青山通りと表参道を結ぶ「青参道」沿いのいろんな店やイベントを見て思ったのは、アッシュ・ペー・フランスは「飾る」ではなく「彩る」ということをしているなあ、ってことでした。そして集まってくる人たちも「彩り」を求めにきているんじゃないかと。ファッションと言っちゃうと敷居が高く感じる人もいるので……生活を彩る、人生を彩る、と。そういった言葉や言い回しが、もしかしたら長く縛られてきた文化の縄を解き放つ切り口になるかもしれないなあ、なんて思いながら歩いていました。

村松　僕も「気持ちがいいかどうか」というキーワードがあるんですが、それはたぶん「彩る」ということと同じですね。飾り込むのではなくて、どういう生活や人との関係が気持ちいいか。

天童　今回、表参道周辺を日曜と平日それぞれ取材させていただいて、この周辺を歩くのはずいぶん久しぶりだったのですが、日曜はもちろん平日も人がいっぱいで、あらためて驚きました。そのときふっと思い出したのが、別の取材で訪れた地方都市の、駅前からつづくシャッター通りでした。人口の流出をはじめ地域それぞれの事情もあることなので、決して一概には言えないのですが、あえて問題提起的に申せば、そういった商店街は、価格やサービスでばかり競争しようとして、いつの間にか「彩る」ということを忘れた面はなかっただろうか。人は、「もの」を買うためだけでなく、彩りに会いたいと思って外へ出てくる。ウキウキした雰囲気や日常生活と離れた時空間を探しに来る。つまり無意識ながら、何かしら良い影響を受けたいという思いで集まってくるものですから。

村松さんは、「青参道」という通りを作ったり、合同展示会をやったり、アートを紹介したり、いろんなことをされている。一つに特化していない。先ほど、会社は社会だと言われましたよね。実は会社組織にとどまらず、社会をどうにかしたいという思いが基本にあるのではないでしょうか。ひょっとして、村松さんは「革命家」になりたいのではないですか。

村松 そうですね、なりたいですね(ニヤリ)。

天童 若い頃に傾倒されたヒッピー文化っていうのも、革命につながってますよね。

村松 つながっていますね。もちろん、爆弾使ってどうとかではなく、進化させていきたい。

天童 オルタナティブっていうのは、革命家でないと標榜できないんですよ。思うに、革命というのは壊すことではなく、新たなクリエイションなわけだから。もとあるものを大事にしないと、クリエイションはできない。

村松 そういう革命をやりたいです。もとあるものを壊すのではなくて、それをよく理解し、大事にして、次のところに行くという。

天童 ファッションじゃなくても、いいんですね。

村松 そう、ファッションじゃなくてもいい。

天童 ご自身でも、これからどこへ向かっていくか、楽しみで仕方がないという感じですね。村松さんだけでなく、アッシュ・ペー・フランスのスタッフみなさんが、わくわくされているんだろうなあ。

僕自身、オルタナティブということを、以前からすごく気にしているんです。今ある世界や状況とまったく違うものを構築するというのはあまりに絵空事すぎるし、人間という生き物に対してタカをくくった考え方に思えて、共感できないんです。食べて、出す、という人間の構造を変えるわけにはいきませんしね。いろんな欲望にも弱い生き物だし。だから、大体のところは似てるんだけど、根っことなる意識のあり方が違う、皮一枚向こうにある世界を想像、かつ創造することは可能なのでは、と考えつづけています。

まったく違うことをするのではなく、皮一枚向こうの価値観を信じて、活動したり、思考を重ねたりするというのは、個人にとっても、社会にとってもすごくポジティヴなことなんじゃないかな、と。世界や未来をちょっとずらして見ることができるから。今の世界は一つの目線で見たら暗いけど、そうじゃない見方もあるはずでしょう。そういうオルタナティブな見方をすることが、これからの人間や社会を幸せな方向へ進ませる羅針盤の役割を果たすのではないかなと思います。

村松　個人の中に世界があるということでしょうか。

天童　ええ。どんな人でも、その人をとことん知り尽くせば、その時代や世界を形作っている共通意識や共通言語を必ず持っていますから。そういう意味でも、村松さんの今後の動向にすごく興味があります。最後に、村松さんが描く未来図を少しだけ見せていただけませんか。

村松　個人がもっと解放されて、大事にされるということでしょうか。もっと人はやさしくなれるし、人は人を尊重することができる。そういう未来になっていたらいいと思いますね。

村松孝尚《むらまつたかなお》——1952年長野県生まれ。専修大学法学部卒。カルチャー誌の編集者を経て、84年、東京・原宿の商業施設「ラフォーレ原宿」にレディースファッション小売店「Lamp」を開店。85年、「原宿プロジェクト」（現「アッシュ・ペー・フランス」）設立。ニューヨークに移住し、現在は日本、アメリカ、フランス、南米を行き来している。

人の影響を恐れない

「衣食住」の中の「衣」。本来、人間にとって不可欠なものであるはずなのに、ファッションという言葉になると、飾る、という意味合いが強くなってしまうのか、食や住ほどには重きをもって見られない傾向があります。ましてや一般的には「つなぐ、つながる」という文脈では見られてきませんでした。

でもファッション=衣は、消費や広告的な側面だけでなく、まず肉体を保護するものであり、ときには装いで傷ついている心を保護することもある。所属先や職業、アイデンティティを社会に知らせる役目も果たしているし、人々や社会に向けて存在を主張する大切なツールにもなっている。そして自分や、生活を彩ることで、自分自身はもちろん、出会う人や、もてなす相手を喜ばせ、影響を与える点も見落とすべきではないでしょう。

なので、ファッション・アート全般を扱っているアッシュ・ペー・フランスの村松さんとお会いすることで、今後の社会の新しいつながり方を求めるきっかけやヒントを得られるのではないか。そんな思いからお願いした今回の対談でしたが、本当に楽しいものでした。

村松さんは、自分を隠すことがない率直な人です。自分の全てを開いて、こちらと向き合ってくださる。ですから、こちらも自分を開いて、全力で思考を働かせて、聞き、話さなければならない。自分の思考だけでは間に合わないから、それ以上のところで、全神経を総動員させて向き合う。人と直接向き合う際の、そういうプレッシャーって、実はすごく大事です。

この人に全力でぶつかれば応えてくれる。村松さんは、相手にそういう信頼感を抱かせてくれる人なのだと思います。

対談の中で、「人から影響を受けることを恐れない」というキーワードが出てきましたが、自分も含めて、これからの人々の生き方のヒントになるかもしれません。

現在に生きるわれわれ、特に若い人は、ときとして人から影響を受けることを恐れているように見えます。自分は自分でやっているのだから、他者から何も言われたくないと、はなから壁を作ってしまう。なんとか話についていこうと背伸びをしたり、先を行く人から忠告を受けたり、影響を受けたりすることを放棄して、自分たちの中にあるものでよしとしてしまう。

自分への肯定感を持っているのはよいのだけれど、少子化の影響もあって、兄弟間で揉まれたり、年長の友だちとのあいだでつぶされたり踏まれたりしていないので、鍛えられていない脆弱な肯定感と言えるのでしょうね。自分自身も薄々それに気づいているから、自分を完全にさらして、「甘い」「青い」と言われる恐れのある相手や局面は避ける。根拠の乏しいプライドゆえに、少しの忠告でも傷つけられたように感じるし、そこからの立ち直り方も学んでいないから、傷つけられるのをすごく恐れていて、影響を受けることに臆病になっている。そのことが世界および社会の分割感、孤立感とリンクしている。

人と出会って、影響を受けることを恐れないというのは、すごく人生を豊かにします。つながりが、どんどん広がっていく。それは、この対談全体のテーマにもつながることです。これまで、人に会うことは大事だと思っていたけれど、村松さんとお話しすることで、そこから一歩踏み込んで、「人からどんどん影響を受け、変化してゆく自分を喜ぼうよ」という、目標となる言葉を見いだすことができました。

ファッションに苦手意識を持っている人は多いでしょう。でも、ファッションをいわゆる「飾る」ではなくて、「彩る」こととしてとらえる。そのように意識が変われば、おのずと生き方も変わってくるように思います。先に申したように、ファッションは、生活自体には不要な、いわば趣味とか嗜好品の扱いをされてきた面があります。ことに男性は、そこにお金や時間を費やすのはもったいない、と思って、後回しにしがちです。でもよく考えれば、自分の心が弾んだり落ち着いたりするものだし、人に自分の人となりを伝え、話のきっかけにもなれば、心地よさの交換にもなる。自分の人生や生活を彩ること以上の大切な何かなんて、そうそうあるはずがないわけで、結局もっと無駄なことにお金や時間を費やしてしまっている。

これは自戒を込めての感想ですが、われわれは、もっと人生を彩ることを、自分自身に許してもいいのではないでしょうか。べつに値段の高いものを持つとかいうことではなく、ピンバッジ一つでもよくて、それをしまっておかず身に着けて人に会いにゆく。それで話が弾んで互いの世界が広がるきっかけになるかもしれない。人生を、生活を彩ることに対して、もっと自分を開いていく。それが、人と会うということの豊かさにもつながっていく。

今のファッションは「自分を認めてほしい」という主張あるいは手段、としてのイメージが強くなってしまっているけれど、本来は人と会うということが第一義なのだと思います。流行を追うとか作るとかの前に、人と会って、影響を受け、かつ与え、それを喜び合えることを目標とする。それがモードなのじゃないでしょうか。結果として、自分たちの世界を大きく変化させることになり得る。ファッションは、おしゃれ好きな女の子のためだけにあるのではなくて、人と人をつなぐ大事な概念の一つです。

課題は、社会、特に自分を含めた一般の男性と、ファッションとのあいだにまだ大きな隔たりがあることでしょうか。それは、やっぱり受け手だけでなく、送り手にも問題があるんだろうと思います。送り手とすれば、今儲かる層をターゲットにして、その層の欲求をあおることに集中しがちなのは仕方がないのかもしれません。でも、衣はやっぱり食住に連なる人間社会を構築する大切な要素です。こうした観点に立って、少し遠回りになるかもしれないけど、双方が歩み寄ることで、ファッションやモードの本質、すなわち他者がいてこそ成り立つ人間なるものへの理解が進む。村松さんがおっしゃるような、もっと人を尊重し、人に対してやさしくなれる社会へも近づいてゆけるんじゃないでしょうか。

第六章　反グローバリゼーション雇用

いいものを作れば給料が上がる——。
廃材を利用したデザイン雑貨などのブランド「NEWSED」を展開するNPO法人「NEWSED PROJECT（以下NP）」（東京都千代田区）は、障害者通所施設「地域作業所hana（以下ハナ）」（千葉県木更津市）に生産拠点を置き、障害者の高工賃を実現させている。NPの副理事で団体立ち上げから関わる青山雄二さん（33）（写真右）と、ハナの代表、筒井啓介さん（33）（写真左）にその秘密を聞いた。

ゴミをプラスに変える

天童荒太（以下天童） 廃棄物の処理と、ハンデを持っている方の雇用の問題……これからの世界にとってきわめて重要度の高い問題だと個人的に考えていたところ、この二つをつなげて、新しい仕事を生み出している人がいるというのは大きな驚きでした。まず、「NEWSED PROJECT[*1]（以下NP）」の理念を教えていただけますか。

青山雄二さん（以下青山） NPは、「古くなってしまったものを新たな視点で見ることで、別の新しいものとして蘇らせる」というブランドコンセプトが一番の根幹です。

最初は「なんかいい廃材ないかな」と探していたんですが、一個商品ができると、どんどん「いろんな廃材あるよ」と声をかけていただける。今、日本全国から、本当は捨てたくないけれど、企業が経済活動をする中でどうしても捨てざるを得ないものが集まってき

＊1――NEWSED PROJECT……ネーミングは、「NEW」と「USED」を組み合わせたものに由来。「NEWSED」の初年度売り上げは約150万円だったが、2012年度は約2000万円に成長した。理事長は「ケンエレファント」の石山健三社長。☎03・5259・5374

ている。お声がけいただいたものについては、全てその現場を見に行きます。できたり、できなかったりがある中で、商品として再び世に出せる魅力のある廃材……素材を抽出しています。どう商品化するかのチャレンジをする。

現在扱っている素材は、髪留めやボタンを作るときに出るアクリル素材の余りや、珍しいところでは東京ドームの天井などに使われるテント生地。学習塾の机や椅子の天板などもあります。廃棄物処理をするとき、木材だけはどうしようもないんですね。ほとんどが焼却処分になってしまう。でも、机なんて、落書きだったり、すごく面白いストーリーを持っている。それをどう活かすか。そのままではマイナスでしかない廃材を、どうプラスにとらえるか。

天童　きっかけは、どういったことだったんですか。

青山　廃材を素材として扱うということを、スイスのフライターグ[*2]だったり、いろんな人がやっている。それを見て、このスキームはもっといけると直感的に思いました。それがどんどん回転するから、展開していけるんじゃないかと。一個の素材にこだわらなかったのが勝因だと思います。基本的に来るもの拒まずでやってきたので、今の形になれたのかな。

天童　廃材を利用して、新しい商品を作れないか、よし作ってみよう、ということになったとき、なぜ生活雑貨にしようと思われたんです？

青山　使えないオブジェのようなものではなく、実際の生活の中で廃材が活かされることに価値があると思っています。そして、廃材だからといって安く買われるのではなくて、デザイン的なクオリティーも確保するためにデザイナーに依頼して、提案してもらっています。

天童　廃材だから安く、ではなくて、そこから一歩違うステージに飛ばないと意味がない、と。

青山　廃材だからこそ、逆にかっこいいものを作りたかった。安いものをいっぱい作るより、高くてかっこいいものを。ニューヨーク近代美術館[*3]に入れたいとか、そういう思いで始めました。それは今も変わらない。

＊2―フライターグ……スイスのチューリッヒにあるブランド。トラックの幌を利用してかばんや財布、サッカーボールなどを製作している。

＊3―ニューヨーク近代美術館……米ニューヨークにある近現代美術専門の美術館。通称「ＭｏＭＡ」。それまで美術品と見られてこなかった工業製品なども収集・展示している。

要は、かっこいいもの好きじゃないですか、みんな。東京都現代美術館とか六本木ヒルズとかに売ってるのと、近所のスーパーに売っているのでは違う。かっこいいと思われる店で販売することで、ブランドとしての影響力が増し、次のフェーズに行ける。苦労するかもしれないけれど、まずは上を目指そうと。それは、僕らとブランドのデザインディレクターで話し合って決めた戦略ですね。

天童　そうした戦略であるならば、製品の作り手はとても重要になりますよね。なぜ「地域作業所 hana[*4]（以下ハナ）」を選ばれたんですか？

青山　ハナさんしかいなかったからです。当時、他の作業所の方ともやりとりしてたんですけど、ちょっと絶望的な感じだった。どう僕らが工夫しても、壁があった。こっちから情熱を注いでも、温度差が結構あって。向こうは10個作ればいいや、って思ってるけど、僕らは100個作ってほしい。そういうのが往々にしてありました。

要は、作業所の支援員さんは、がんばっても自分たちにはメリットがない。もともとチラシとかおしめを折っていたところに、僕らは新聞バッグという15工程もあるようなものを持って行く。当然、できる人もいればできない人もいる。できない人のフォローを誰がするの、となると支援員。面倒くさいことをクリアしても、支援員の給料は変わらない。

そこに全ての根っこがある。利用者のお給料を上げるためなら、支援員が多少工夫すればいいじゃん、と思えるかどうか。

天童　それはとても大切な話だと思います。いろいろな問題がそのお答えの中に含まれている。なので話を少し戻しますが、なぜ、ハンデを持たれている方々が働いている作業所と組もうと思われたのでしょうか。

青山　社員研修の一環で福祉作業所を訪れたとき、「工場だな」って思ったんです。マンパワーがある場所だと思いました。こういうのが全国に7000カ所ある。僕はそこで、勝手にくくったわけです。何百万人[*5]もいるマンパワーってすごいって。本当は今はくくられていないんですが。

天童　確かに人はいるでしょう。でも、そう思ったとしても、福祉とかボランティアではなく、営利を目的とした仕事を発注するとなると、製品の仕上がりはどうかとか、納期ま

＊4―地域作業所 hana……NPO法人「コミュニティワークス」が運営する通所型の福祉作業所。作業所の1日の定員は20人で、2014年2月時点で約60人が利用登録。

＊5―障害者総数……2013年度の内閣府障害者白書によると、障害者数は、身体障害者366・3万人、知的障害者54・7万人、精神障害者320・1万人。およそ国民の6％が何らかの障害を有していることになる。

でにきちんと上がってくるかとか、不安や、実際的なリスクがあるはずです。なのになぜあえて彼らに任せるという選択をしたのでしょう。

青山　これは後から感じたことなんですけど、ただ仕事を発注するだけじゃないよさってありますよね。行ったら声かけてもらったり、ボールペンくれたり、呼び捨てにされたり。

筒井啓介さん（以下筒井）　一番大きいクライアントなのに、呼び捨て（笑）。やめろとは言ってるんですが（笑）。

青山　ビジネスライクとは違う、人と人とがつながれる、気持ちの部分がある。手紙もらったりしたら、うれしいですよね。

天童　ハナさんと出会わなければ、作業所でやることは諦めていた？

青山　諦めてましたね。想像もつかないです。

天童　では一方のハナで、実際に利用者さんがされているお仕事を教えてください。

筒井　うちは就労継続支援B型事業所[*6]です。毎日、地域の障害がある方が通われて、何かしらのお仕事をして、お給料……工賃をもらう。それをつづけて、チャンスがあれば一般企業へ就労する。その前後も含めたトータル的な支援をしています。

天童　主に外国の新聞を素材にして加工した手提げ型のバッグ、いわゆる新聞バッグを、青山さんたちとつながる前から、ハナ独自の企画で作っていたそうですね。

筒井　もともと内職仕事をしていたんですが、作業工賃がとても安いんです。どれだけがんばっても月数千円にしかならない。だから、自分たちで価格を決められるオリジナル商品……いわゆる授産製品をきちんと作ろうと思って始めたのが、新聞バッグでした。クッキーを焼こうにも、設備がありませんでしたから。机と椅子があればできること、と考えたときに思いついたのが雑貨だったんです。

でも、当時、商品を作っても売り先がない。営業かけられるだけの人員もなかった。そんなとき、青山さんと出会って、新聞バッグをアースデイ東京[*7]で売らせてもらえるチャンスをいただきました。それが一番最初のお仕事。枚数も1000枚という当時からすれば考えられない量でした。

いいもの作っても、売れなければ在庫がたまっていくだけ。利用者さんたちもその状況

＊6―就労継続支援事業所……一般企業への就職が困難な障害者に就労機会を提供し、その知識と能力の向上に必要な訓練などの福祉サービスを提供する施設。2種類あり、「A型」は雇用契約を結び、原則として最低賃金を保障。「B型」は契約を結ばず、利用者が比較的自由に働ける。

＊7―アースデイ東京……毎年東京で開催される日本最大級の環境フェスティバル。

は分かっているし、こちらも焦っていました。仕事の割り振りもそうですが、現金化するのも大変なんだと痛感していたところでしたから、1000枚って大変だけれど絶対に作ろうと。

それが、「これだけの作業ができるなら」とNEWSEDが販売しているバッジのピン付けや、台紙作りといった次の仕事につながっていった。しかもびっくりするぐらい単価がよくて。今までは1個1円とかだったのに、いきなり55円。

それに、青山さんたちは、やり方をいろいろ考えてくれるんです。もともとは台紙も印刷された紙だったんですけど、より多くの利用者さんができたほうがいいよねということで、新聞を切って、ラミネートかけて、穴あけて、と工程がいくつも分かれるように考えてくれて。

でも、ボンドの量とか穴の位置とかは全部ミリ単位で決まっていて、求められる基準はすごく厳しい。お金をいただいて仕事をするというのは、こういうことなんだと気づけました。

天童　ハンデのある方には、複雑な作業に対する手順や技術上の難しさがあるのではないかと想像するのですが。

筒井　そうですね。でも、そういう複雑な仕事をどういった方法や手順でやってもらうかを考えるのが僕らの仕事ですから。

青山　筒井さんのところはそれだけじゃなく、ダメなものを発見さえしてくれる。僕らの中では検査機関。「ハナ、厳しいよね」みたいな（笑）。

筒井　クオリティーが悪いものに利用者さん自身が気づくことがあるんです。ほんの少しだけ欠けていたり。よくぞ気づいた！　と思う。すごいといつも感心します。

天童　なるほど。それぞれの状態によってハンデとされているけれど、健常者が見過ごしそうな細かいことに気がついたりとか、単純作業の繰り返しも手を抜かずに丁寧にやってくれたりとか、秀でた特性を持っていらっしゃる。

筒井　そのとおりですね。商品が欠けていようと、作業した分だけお金をもらえればいいのかもしれません。でも、青山さんと仕事をしていて思うのは、一緒にこのブランドに関わる一員でありたいということ。売れれば売れただけ、仕事が来る。仕事が来れば、利用者さんに継続的に作業してもらえる。「エンドユーザーに喜んでもらえる仕事をしよう」と、みんなに言っています。そのあたりは少しずつ根付いてきました。

天童　それが可能となったのは、先ほど青山さんから支援員の話が出ましたけど、筒井さんがスペシャルだったからかなぁと？

筒井　とんでもありません（笑）。でも、仕事がなかったときの思いというのがすごくある。僕は給料を人並みにもらっているのに、同じ時間だけ働いている利用者さんには数千円しか払えていない。こんなことをやらせて申し訳ない、という思いですね。

仕事をするのはお金のためだけれど、人からほめられたりとか、喜んでもらったりとか、達成感とか、やりがいがないとつづかない。障害があるからってそれらがなくていいとは思わないんです。

天童　仕事は社会につながっている。さらに「かっこいい」という付加価値がつくと、新しい喜びが生まれる。

青山　そういう意味でも、どこで売られているかというのはすごく大事。障害がある人が作ったというのを前面に押し出しているわけではないのに、一流のところで売られて、お客さまに買ってもらえる。掲載された新聞や雑誌は必ず買ってみんなに見せます。高級女性誌「フィガロ」に掲載されたときはうれしかったですね。「おお、自分たちの作ったものがフィガロに載ってる！」ってみんな大喜びで（笑）。

天童　現実に、ビジネス感覚を持って臨まないと、開くことのできない扉とか、上がれないステージというものがあって、そこがまたより広い世界への扉となっている。

青山 僕らも単純にボランタリーだけでやっているつもりはまるでない。だから普通にダメ出しする。デザイン製品なのに、ズレがあるなんて許されない。ブランドにかかわりますし。

天童 もし、出来上がりが悪くなったらハナでも切っちゃう?

青山 ずっとダメなものを出すんだったら、そうしますね。

筒井 僕らも、その危機感を持ってやっています。自分がお金を払ってまで買わないような仕事の仕方はしてほしくない。高い物だと1万円を超えますし。見ていないすきに適当にやる人もたまにいたりしますが、全部やり直してもらう。

天童 よくやったね、ではすまない。

筒井 すまない。ラインから外します。

天童 そこに甘えが出ると、ブランドや作業所だけでなく、当人も次につながらない。

筒井 そうですね。社会人として、お金をもらう以上はプロとしての仕事をしてほしい。

天童 そんなハナに対して、今ではNP以外の仕事も来るようになったそうですが、作業所としての成長は感じていますか?

筒井　正直、全然満足していません。最低賃金[*8]を全員に払うという目標を明確にしていて、千葉県だと時給約800円。僕らは今、時給が平成24年度実績で250円。フルタイムで来ていても月3万円弱。毎日一生懸命働いている以上、障害があるからって安くていいわけじゃない。基本的人権の部分から考えても、最低賃金は払うべき。それぞれの利用者さんが、自分の稼いだお金で一人暮らしできたり、旅行に行ったり、好きなものを買えたり、ささやかだけれど、そういったことを大切にしたい。それには今の3倍がんばらなければなりませんが、彼らの技術というより、支援員側のマネジメントの課題が大きいと考えています。

例えば、アクセサリーの台紙、全盲の人が作っているんです。何ができるかをご本人とお話しして、目が見えない分、手の感覚が敏感だということが分かった。補助具を使って、千枚通しで穴をあける。しかも誤差がない。すごい。

ハナのマンパワーをどう活かすか。単に作業の割り振りをするだけじゃなく、人によって教え方も違うし、道具も変わる。

天童　全盲の人に仕事をしてもらおうなんて、普通はその前の段階で諦めちゃう。ある人の能力を第三者が思い込みで限定してしまい、それがやさしさだとまで誤解して、結果その人の可能性を摘み取ってしまう、ということは、いろいろな現場で起きていることでしょう。その点、補助具を作ってまで仕事を割り振ろうというのは、やはりハナの姿勢はすごい。

筒井　単純にそうしないと回らない。納期はいつでもいいなんて仕事はないですから。いかに短時間で正確に納められるか。終わらなかったら、結局支援員が徹夜してやらざるを得ない。それはイヤじゃないですか（笑）。うちの定員は20人ですが、1日20人は必ず作業できる労働力があるというのは、すごく大きい。

天童　作業所に来る方の最終目標は、一般企業への就労だそうですね。先日みなさんの働く現場を実際に拝見して思ったのは、わざわざどこか別の企業に移っていかなくても、ハナが最終の就職先になっていけばいいんじゃないのかな、ということでした。家とか病院に引きこもりがちな人たちのやる気や可能性を刺激して、作業所という外の世界に出る喜びを引き出されているから、現場にすごく活気がある。

＊8——最低賃金……特定（産業別）最低賃金と、産業や職種に関係なく適用される地域別最低賃金がある。地域別は都道府県ごとに定められ千葉県は時給777円（2013年度）。

筒井　そうですね。うちは精神障害がある方が多いんですが、近くのコンビニのバイトは時給800円です。障害があることを隠して面接を受けると、普通に受かる。でも、最初の1、2週間はよくても、そのうち人間関係とかがネックになって、体調が悪くなってしまう方が結構いる。せっかくがんばっても、入院生活に戻ってしまう。そういったことは食い止めたいと思っています。

天童　企業に障害がある人をもっと雇えという流れがある。それはそれでとても大切です。人権の尊重や差別の撤廃、多様な社会を目指すあり方からも、その流れを止めるべきではない。でも一方で、一般企業に就職すること、イコール健常な生活であるかのような一元的な価値観や偏見が、裏にひそんでいるのではないかと、おりにふれかえりみる必要もあると思っています。

社会への正当な参加の道は一般企業への就労だけなのか。確かに自立という面で、仕事は大切です。でも人が生活できるだけの収入を得られる仕事を回せるのが、べつに一般企業だと限らなくてもいい。大体、会社勤めって、人間関係ですよ。誰だって気の合う人がいるところだと仕事がはかどる。活気も出る。逆に気の合わない人たちに囲まれていたら、仕事は進まないし、そのストレスで一般の人たちさえ退社に追い込まれたり病気になったりしてる。であれば、むしろ作業所など、自分の状態を分かってくれている人が集まっているところを最終的な雇用先にしたほうがよっぽどいい。NPとハナがやられていることは、一つの先端モデルなんじゃないかな。

とはいえ、それが一つの理想だとしても、実際にはまったく課題がないわけでもないと思うのですが、そのあたりはいかがですか？

善意の還流

青山　最大の問題は、デザイン雑貨というパイが決まっていること。いくら大ヒット商品を売っても知れている。セレクトショップの数も限られているし。そこを、マスに持って行きたいという気持ちがすごくある。

３年ぐらい前に、東京デザイナーズウィーク[*9]のオフィシャルバッグを１万枚受注したんですが、そのときのケースをお話ししたい。１万枚作るとハナのキャパをオーバーする。

＊9――東京デザイナーズウィーク……毎年秋に東京で開催される国際的クリエイティブイベント。

そこでハナが取った手段は、ハナを拠点にして他の作業所に仕事を外注することでした。そのスキームをもっと拡大したい。それが最低賃金を保障するとかにつながるのかな。じゃあ、1万個売れる商品って何なんだろう、ということを考えなければならない。

でも、今起こっているような、寿命の短い製品を大量に出すということに至ってはいけない。できれば、世の中全体が廃材を素材として見て、それを活かせるのがNPだよね、というのがスタンダードになれば。NPだったら製品になるから、無条件に持って行こうと。社会インフラになるというと大げさだけど、それぐらいの感覚でやらないと、筒井さんが目指しているところにはたどりつかない。

筒井　そうですね。今は、繁忙期とそうでないときの差が大きいです。仕事を一定して受けるためには、ハナにやってほしいよね、と選んでもらえるようにならないといけません。そのためには、納期とクオリティーをどれだけ守れるか。バッグ1万枚のオファーをもらったとき、うちのキャパは半分の5000枚しかなくて、残りは11カ所の他の作業所に委託しました。やれない施設もたくさんある中で、やれる施設を見つけて。とはいえクオリティーは落とせないので、東京、神奈川、千葉と11カ所全ての施設にうちの職員を派遣して、先方の施設の職員の方に作業内容を伝えました。まずは、サンプルを作ってもらって、ダメ出しして。OKだったら何百枚と発注しました。とても大変だったのですが、それはしっかりした仕様書がなかったからだと後から反省しました。クライアントが全ての施設に指示を出し、管理するというのは不可能ですから、仕様書をきちんと作って、僕らが主として他の施設とのあいだを調整する。そういうスキームを作れば、最低賃金の達成はあり得るかな、と。

天童　うーん、実践者ならではの課題と具体的な目標は、聞いているだけでもわくわくする未来図です。話は変わりますが、地域とのつながりについてはどう思われてますか。

筒井　障害がある人は、そうそう簡単に引っ越せません。今いる地域で暮らさざるを得ない。そういう人が働きたいと思ったとき、当たり前に働ける環境を作りたい。私たちのような施設は、みなさんの税金をいただいて運営している以上、そういう場所を作っていかなければならない。自分の好きなものを買ったり、遊園地に行ったり。そういう僕らが当たり前にしていることが、彼らにとっては当たり前ではないので。マンガ一冊買うかどうかで迷っているとか聞くと、切なくなります。ほんとにささやかなことなんですよ。人間として当たり前の欲求を自分の働いたお金で満たす。それは地域でしかできない。

天童　お二人へのリスペクトの念から、個人的なことも少しうかがいたいのですが、青山さんは一時期仕事を辞めて、バックパッカーをしていたことがあったとお聞きしました。

青山　リュック一つで日本と世界を回ってましたね。新卒で入った自動車ディーラーがブラック企業だった（笑）。休みはない、ノルマはきつい。1年ちょっとでつらすぎて辞めたんですが、当時、パソコンのデスクトップをきれいな海の写真にしていたんですね。ちょっと病んでいたんだと思うんですけど、そこに行こう！　って決めて。退職した2日後に石垣島に行って、1年住んで。その後、インドや東南アジアを回っていました。

天童　そうした経緯があった上で、今の会社に就職されたわけは。

青山　僕、「もの」が好きなんです。ディーラーをやっていたとき、フェアを担当していたんですよ。景品を発注する側だったんだけれど、会社の名入りのタオルとか、Tシャツとか、絶対いらないでしょ、って思ってた（笑）。で、日本に戻ってきたときに、そういう景品を盛り上げる側でいたい、と。

天童　身近にいる人にお聞きしたほうが、人となりは伝わるかもしれませんね。筒井さんの目に、青山さんという人物はどう映ってますか。

筒井　僕、安定志向なんですよ。普通に大学行って大企業に就職して……みたいな。だから バックパッカーなんて想像もつかない。お話をしていても、海外のこととかちらほら出てきて。根本にあるんだなって思います。すごいなあって、憧れますね。

今の仕事に関して言えば、「作業所と仕事をしよう」という発想があることに感動しました。今までは安く買いたたかれたりしていましたから。ぜひ、この人と一緒に仕事をしてみたいと思いましたね。

天童 逆に、青山さんから見て、筒井さんは。

青山 僕が筒井さんを知ったのは、実は社会起業家のススメみたいな本[*10]が最初だったんです。当時、28か29。同い年なのに、本に載ってる。やられた感がすごかった（笑）。

大学のときから単身木更津に行って、NPO支援して。相手にされない時代から全部書いてあった。この人すげえなって。自分はどちらかというと楽なほうへと行ってましたから。ブラック企業がいやで、ボーナスもらった次の月に辞めて、そのお金で南国にいた。

筒井さんと真逆ですよね。チャレンジングから逃げていた。筒井さんは施設を立ち上げるときも、自分でかなりの額を借金してリスクを背負っていらっしゃる。僕らがマンション

＊10―社会起業家の本……今一生著『社会起業家に学べ！』のこと。筒井さんをはじめ21団体の取り組みを紹介。アスキー新書、781円(税別)。

を買うかどうかで迷っているときに、作業所を作るためにそれだけの金額を捻出している。そういう気持ちで仕事をしてる人だから、覚悟を決めてお願いしないといけないなと思いましたね。

天童　お話をうかがうほどに、お二人の今の年齢のときに自分は何をやっていたのかと、恥ずかしくなってくるんですが。お二人のモチベーションというか、しんどい、でもやんなきゃと腰を上げるときの原動力は、ベタな言い方だけれど、やっぱり人が好き、という言葉に収斂《しゅうれん》されていくのかな。

ハナさんにうかがったとき、仕事の現場はアットホームで、みんな、人好きのする表情で働いてらっしゃった。その場に発注者として来ていた青山さんも、すごく表情がほどけていて。働く同じ仲間として、利用者さんたちと互いに軽口をたたき合っている姿がすごくすてきで……ああ、人と仕事をするのが好きなんだな、と思いました。地域を見るというのは、人を見るということ。グローバリゼーションとは真逆ですね。

その「人を見る」という気持ちが、お二人の関係にとどまらない、多くの人や場所に心地よさを提供している。廃材を無料で提供してくれる人たちだったり、利用者さんたちだったり、その家族だったり。それぞれの善なる思いを引き出して、回転させている。いわば善意を還流させている。

青山　ありますね、それは。どの現場も行ったら楽しい。廃材をくれる人にもいろいろな思いがある。捨てたくないとか、NEWSEDの商品に自分たちの素材をのせたいとか。しょっちゅう電話くれたりとか、業者さんを紹介してくれたりとか。気にしてくれてるんだな、とすごくうれしいですね。

天童　多くの人たちが、「儲け」ということを離れて、人間同士のいい気持ちを広げようとしてくれている。

筒井　僕らの仕事は、できないことを見つけるのではなくて、できることを引き出すのがすごく大事。その人が持っている強みに仕事を当てはめていく。

　大量生産、大量消費のものを作っているんじゃない。みんなの思いがあって、つながってできている商品。それで僕たちはお金を稼いでいるということを、ハナのみんなにはことあるごとに伝えています。製品を通して、いろんな人とつながる。自分は役に立たないとか、生きていてもしょうがないとか思っている人が多い。そうじゃなくて、あなたがこれをやってくれることで、これだけの人が喜び、つながることができたんだよ、と。

天童　それはハンデのあるなしではなく、あらゆる人に共通する課題ですね。われわれみながり、人からの感謝や、喜んでもらえているというつながりによって、生きがいを感じる存在なのですから。

筒井　働くってお金だけじゃない。働きがいを大切にしたい。仕事の内容もなんでもいいわけじゃなくて、思いがしっかりある人と一緒にしたいと思っています。

青山雄二《あおやまゆうじ》――1980年神奈川県川崎市出身。帝京大学卒業後、自動車ディーラーに。退社後、1年半のバックパッカー生活を経て2006年に「ケンエレファント」入社。11年、社内事業だった「NEWSED PROJECT」をNPO法人化。商品の企画から発注、販路開拓までを総合プロデュース。現在、副理事をつとめる。NPのほか、廃材を利用した企業向けワークショップの企画なども行っている。

筒井啓介《つついけいすけ》――1980年神奈川県横浜市出身。法政大学在学中に千葉県木更津市の町おこしプロジェクトに関わり同市に移住。2000年、大学2年生でNPO支援を行う企業「ネットビジネス」を設立。06年にNPO法人「コミュニティワークス」を立ち上げ、「精神障害者共同作業所hana」を開設。10年に障害者自立支援法に基づく就労継続支援B型事業所の認定を受け、「地域作業所 hana」に移行。現在、代表をつとめる。

気持ちよさは利益

社会が抱えてる大きな問題の一つはゴミ。

もう一つはノーマライゼーション、つまり障害がある人の雇用だと、個人的に思っています。仕事にちゃんとつけない人が増えていますが、そういったことの象徴的な存在でもあろう、と。

「ＮＥＷＳＥＤ ＰＲＯＪＥＣＴ」と「地域作業所 ｈａｎａ」がやられていることは、容易には解決しないこの大きな二つの問題をつなげ、説き明かしてくれる先端モデルだとあらためて思いました。これまで多くの人が知恵をしぼってもうまく突破できずにいたところに、若い力が一つの解を示してくれたという、ある種の爽快感さえおぼえます。

成功の要因は、まず作業所側の変化でしょう。廃材から何か新しい商品を作ろうというのは、青山さん自身がおっしゃっていたように先行モデルもあり、目新しいことではないかもしれない。でも、それを福祉の問題とつなげたところがすばらしかった。ただし、作業所およびそこで働く利用者側に、正式な仕事のオファーに対して、応えられる姿勢がないと現実には回っていかない。まさに相互の幸福なる出会いだったと思います。

企業は基本的に利益を上げるための組織ですから、障害者を雇用して、彼や彼女らの能力をいかにして自分たちの仕事に活かしてもらうか、ということに対し、積極的になれない面がどうしても出てくる。だったら、作業所側が変わるほうがきっと早い。福祉の側が、利用者を特性を持つ労働者ととらえて、どう社会とつながっていくのかを前向きに検討する。ハナのあり方は、新しい共生社会を目指すおりの一つの目標にもなると思います。

NPとハナに共通しているのは、豊かな可能性を秘めていながら、これまでうまく活かされなかった人材と資材に新しい光を当てて、眠っていた価値を見いだし、仕事の形で社会とつなげていること。

もちろん、全ての作業所および利用者がハナのように変われるわけではない。ただ、できないと思い込んで、可能性を眠らせたままにしておくのはもったいない。試してみて、できる人、やりたい人がいるならどんどんそれを伸ばして、人材を活かし、かつその人の能力を目覚めさせてゆく、そんなフレキシブルなファクトリーになれば、将来に向けた展望が明るく開けるんじゃないだろうか。これまで作業所は、福祉の考え方として、原則、できない人に合わせてきたように思います。いい悪いでなく、その方向性だとどうしても本来はチャレンジすれば健常者と同程度か、ときにはそれ以上の力を持ってるかもしれない人をうまく伸ばすことができない。この人は難しいことはできないと思い込むことで、眠っている個々の能力も掘り起こせない。できる人を伸ばし、眠っている能力を起こすには、ハナのように、作業所自体がファクトリーとしての力を持つこと、いやまず持とうと意識することが大事じゃないかと思います。

ビジネスという言葉には冷たい印象がありますが、ときには厳しい課題を与えることで、人は成長する。社会とつながるステージを上げることにもなる。

ビジネスという視点は、眠っていた善意を揺り起こす効果もあったようです。廃材を提供する企業にも、自分たちの製品の使い残しを、もったいないけど利用法もないので、仕方なく捨てざるを得ないという罪悪感があった。それが新たな製品に生まれ変わる、というだけでなく、ハンデのある人たちの仕事になる、その人たちの収入になり、自立や自己実現の手助けになる、という喜びに変化した。喜びは伝播《でんぱ》する。利益にはならなくても、よいことをしているというのは気持ちがいい。だからこそ、積極的に廃材を使ってもらいたいという会社が増えている。

善なる気持ちは、もちろん利害を超えているんですけど、余談的に言うと、精神的に気持ちがいいというのは、実は利益だと思うんです。人はみな、苦労して得たお金を、娯楽だとか旅行だとか、家族へのプレゼントなど、自分にとって気持ちのいいことに使うでしょ。だから気持ちのよいことをするというのは、実質の収入でもあるんです。

廃棄物を出してしまうことの後ろめたさや、ハンデのある方々を見ないようにしたり、福祉の側へ押しやったりしていることへの罪悪感を、いかに正の方向へ転化するか。旧来の考え方に縛られない若い人の、新しい「もの」や福祉のとらえ方が、世界を明るく開いてゆくモデルを提示しています。

もう一ついいなと感じたのは、ハナもNPも地域をとても大事にしていることです。地域作業所であるハナは、もちろん地域と共に存在しているわけですが、NPの母体であるケンエレファントも、会社がある東京・神田のお祭りに参加したり地域手帳を作ったりと、地元に貢献している。地域を大事にするというのは、人を見るということ。つまり、個々の人の都合などいちいちかえりみないグローバリゼーションとは逆のローカリゼーション。それが、NPのプロジェクトをうまく回転させている。

グローバリゼーションは負をいかに切り捨てて利益を得ていくかという一面を持つものだから、長い時間のうちにはどうしても行き詰まる。社会にどんどん負の存在ばかりを増やすことになってしまうわけだから。

そんな中、いかに眠っていた善意を掘り起こすかが、これからのビジネスモデルになっていくのかもしれません。「もの」が行き渡っている現代社会の中で、さらに何を買うのか。同じ性能を持つAとBの商品があって、Aに善意が見えていたら、少し高くてもAを買う人は少なくないでしょう。気恥ずかしく聞こえるかもしれませんが、作家だからあえて言いたい。これからの希望となるものは、人々の善意だと思います。善意は資源なのです。

第七章
週末農業で得られる辛抱と寛容

「ラウベ」と呼ばれる休憩小屋に滞在しながら土いじりを楽しむ、ドイツ発祥の滞在型市民農園「クラインガルテン」。長野県松本市（旧・四賀村）の「四賀クラインガルテン」は1994年、当時の村長の中島学さん（84）（写真）の熱意により日本で初めての滞在型市民農園として誕生した。中島さんには創設者としての思いを、同園の管理・運営を行う第三セクター「四賀むらづくり株式会社」代表取締役、金井保志さん（67）と利用者の岡崎英生さん（70）にはその魅力と展望を尋ねた。

貧民窟の豊かな暮らし

天童荒太（以下天童） 地方の過疎化というのは今後さらに大きな問題になってくると思います。人がどんどん山あいの町や村などを出て、都会へ出ている。農家は後継もなく、土地や山が荒れてくる。一方で都会暮らしの人々は、緑やきれいな空気への憧れをますますつのらせている。家庭菜園や市民農園はブームと言われて久しい。この矛盾の解決法はないものだろうか、と考えつづけていたところに、「クラインガルテン」の存在を知りました。

一般的な市民農園とは違って、「ラウベ」と呼ばれる小屋に滞在して野菜づくりなどを楽しむ、ドイツで生まれた滞在型の市民農園がクラインガルテンです。「小さな庭」を意味するクラインガルテンは、都市と農村をつなぐ新しい生活のあり方として、今は全国で70カ所に広がっているそうです。中島さんは、日本初の滞在型農園、「四賀クラインガルテン」の生みの親だとお聞きしました。四賀クラインガルテンは、長野県松本市にあって、東京とも、通勤していらっしゃる方がいるくらいの距離です。どのような経緯で、ここが生まれたかをお聞かせいただけますか。

中島学さん（以下中島）　私は1980年代の半ば、ある団体の仕事で、東京の新宿に4年ほど暮らしていたことがあるんです。冬は長野県人も大丈夫なんですが、夏になると息苦しくてたまらない。週末に長野へ帰ってくると、空気が違う。ああ、ふるさとへ帰ってきたなあ、としみじみ思う。そのとき感じたのは、東京の人はかわいそうだということ。たまたま私たちは大自然を維持できている。現代生活の中で、仕方がなく経済圏にいるかわいそうな人たちにこの自然を開放すべきだと。

　ここは今は松本市ですが、昔は四賀村といいました。面積の82％がなだらかな里山ですが、新潟港まで流れる信濃川の最上流という非常に重要な場所でもある。水を作る場所ですから、汚れた水を流してしまうと、海で近海魚を汚染してしまう。ですから、環境を保全して、全国に誇れるものを維持しなければならない。それには、ここに住む人を出発点として、日本中の人が広く関われる環境教育をしようと決めました。

　そこでお手本にしたのがドイツです。ドイツのクラインガルテンは電気も水道もない。バケツで水をくみに行く。両手にバケツをぶらさげて、重いけれども、その一滴一滴が命をはぐくむのだと学ぶ。蛇口をひねって水が出てくるのでは、ありがたみが分かりませんよね。

それを日本でやろうとしたら、これほど最適な場所はない。ここでは利用者確保のためやむを得ず電気と水道をひきましたが、最低限にしてくださいとガルテナー（利用者）にはお願いしている。せっかくここに来て、朝から晩までずっとテレビを見ているのではもったいない。自分の来し方行く末に思いをはせてください、と。今自分がここにいる意味はなんだろう、これからどこに行くんだろうと、どんどん内に問いかける。そういう場所にしてほしい。

子どもがいる人には、説明は一切いりません。子どもを連れてくるだけでいい。子どもたちはほとんどラウベにはおらず、外に飛び出していく。チョウだのカエルだの、地べたを這いつくばって追いかけて、１００％自然と向き合っている。それができる子どもが、悪い人になるわけがない。情操教育としても、これほどいい場所はない。究極は命ですからね。でも、ただ命があればいいわけではなくて、幸せでなければならない。その幸せは、このクラインガルテンを使うことで達成できる。数多くの方に感激、感動を提供するのが山里にいる者の役目だと思っています。

天童　不勉強で恥ずかしいのですが、クラインガルテンという存在を、その言葉すら、今回お訪ねすることになるまで知りませんでした。日本ではまったくなじみのなかった存在だと思うのですが、そもそも中島さんが初めてクラインガルテンを知って、よしこれをやろう、というきっかけは何だったのですか。

中島　もともと、村議会の視察などでヨーロッパへ行く機会があったのですが、クラインガルテンとの出会いはイタリアでした。ローマからナポリへ行く途中、高速バスから遠くに小さな小屋が集まっているのが見えた。ローマに帰ってきて、どうしても気になって、自分でタクシーで行ってみたんです。「貧民窟かな」と思っていたら、とんでもない。クラインガルテンでした。本当に豊かな生活がそこにあった。

日本は当時、所得倍増計画のまっただ中。残業をいっぱいして、お金をためるのがよしとされていた。一日中仕事して、くたくたになって帰って、また目が覚めれば出勤。猛烈な働き方です。そんな中で、クラインガルテンを知った。なんという豊かな……本当の人間性を追求するとはこういうことだと思った。

天童　日本の豊かさの概念を抱えて、貧民窟だと思って訪ねてみたら、実は日本人が失いかけている、一番豊かな暮らしがあった……。それはショックだったでしょうね。さあそこから、日本でクラインガルテンを始めようとされるわけですが、素人が考えても、土地の開発やら滞在施設の建造やら、とにかく大きな予算が必要になりますよね。

中島 予算の前にハードルがあった。当時は農地法がかっちりしてましたから、畑に滞在施設を建てるなんてとんでもなかった。農水省に相談に行くわけですが、最初は門前払い。けれど、人の命をはぐくみ幸せを与えるという大命題に農地法が立ちはだかるなんておかしいということで、5、6回通いました。あるとき、向こうが「僕も実は前からクラインガルテンを勉強しているんです。いい計画ですよね」と言い出した。じゃあ、農地法をどうするか。「農作業をするには農機具を置いたり休息する場所がいる。疲れて一杯やったらそのまま寝ちゃった、というのはどうですか。滞在施設ではなく、あくまで休息場所です」「そうそう、それで行こう！」って(笑)。

その次は予算です。幸い、行政的に県と行き来がありまして、当時の知事が応援すると言ってくれた。50%の補助は出せるけど、残り半分どうするか。四賀村、財政力は弱いですから。すると、四賀村は過疎の指定町村になっているから、過疎債が使えるよと。元金と利子は交付税で措置できる。村の負担はわずかになりました。

それで、予算書を作って議会に出しました。大問題です。当然ですよね。村民の税金と交付金を使って、なんで都会の人を幸せにしなければいけないのか。東京でうめき苦しんでいようが、関係ない。誰が都会から高い電車賃使って、貴重な休みにわざわざ四賀まで来て草むしりをしたがるのか、って。実際にミュンヘンに議会のみなさんを視察に連れて行ったけれど、「ここは市街地から自転車で15分くらいだからやっていけるけれど、四賀ではムリだ」。

でも、半年ぐらい経って、突然予算が通った。おかしいな、と思ってある人に聞いたら、「中島さんのクビを取るためだよ」だって。あの調子だと何やるか分かんないから、中島を村長から降ろそうと。クラインガルテンをやらせれば、どうせ失敗するだろうから、クビを取れると。そういう図式が成り立っていた。そうして事業が始まったわけなのですが、たまたま小学館の「サライ」という雑誌に小さな紹介記事が載ったんです。それがきっかけで、工事中からどんどん人が来た。村民の大部分が失敗するだろうと思っていたら、見事に当たってしまったわけです。

天童　いやー、面白い、と言ったら不謹慎かもしれないけど（笑）。政治も人の思惑もからんだドラマチックな展開ですね。本当にドラマにしたいくらいです（笑）。でも周りがそんなに反対する中、どうして中島さんは初心を貫き通せたんですか。

中島　ドイツのガルテナーと話すと、みんな幸せでしょうがないって言うんですよ。幸せは万国共通だから、日本でも当たるに違いないと。単純な動機ですよね。大自然を守りたい、日本海まで責任を持ちたい。そういう願いが実現した。クビがつながって、本当にありがたかったですね。

天童 そうして、実際にクラインガルテンが誕生した……。独自のルールがありますね。

中島 まずは、大命題である環境保全。そのために水と土を汚さない有機無農薬をお願いしています。ゴミも、生ゴミは各自の庭で堆肥にしてもらって、肥料にならないプラスティックなどの不燃ゴミは、出発地の自治体に持って帰ってもらう。ここでは一切回収しない。不便だとは思いますが、「不燃ゴミの始末って手のかかるものだなあ」と思ってもらえれば、そこでまた環境学習になるでしょう。初めて来た方にはある意味厳しいですが、ガルテナーのみなさんは意識の高い方が多いので、受け入れてもらってる。ここを歩いていただければ分かると思うけれど、ビニールの切れ端一つ落ちていない。

それから、お仕着せかもしれませんが、「田舎の親戚制度」。当初、村民たちの反対も大きかったものですから、これはガルテナーと仲良くなってもらわねばならんと。

つかず離れずではあるけれど、濃厚な絆を作ってもらう。お祭りがあるからおいで、とか。逆に、ガルテナーの地元を訪れたときに夕食をご馳走してもらったり。すばらしい人間関係。様ざまな語らいができる。

ガルテナーから教えてもらうことも多いですね。例えば、水。ガルテナーが20リットルのポリ缶に5本も6本もここの水をつめて持って帰る。地元の人間からすれば、「水なんて東京でもどこでも一緒だろう」と思うのですが、「ここの水じゃなきゃダメなんだ」と。これは発見でしたね。ここにずっと暮らしているだけでは気がつかなかった。

成長の限界

天童　２００５年に四賀村が松本市と合併して、村長の座を退かれました。振り返って、クラインガルテンについて、やり残したことはありますか。

中島　そうですね……。実は、私はこの村全体をクラインガルテンにしたかったんです。実績はすでに十分あるわけですから、予算的な心配もない。

でも、平成の大合併で松本市と合併した。日本全体が人口が減っていく中で、国としても地方自治体をなるべく合併させて、交付税を切り詰めたい。そうしないと、未来の社会保障や医療保険制度が立ち行かなくなる。そのための合併は避けて通れない。私はそれには大賛成です。だから松本市との合併にも同意したわけですから。

四賀村の理念とかは全て合併協定書に書き込んでおきました。しかし、いざ実権が移ってしまうと、やはり「あんな面倒くさいことはやめておこう」となる。各地域の特徴はこうだから、こう発展させて……というふうにはなりにくい。合併した地域を金太郎飴のように均一にしなければならない。そのほうが「平等に扱っていますよ」と言えて一番楽なわけですから。その点については、合併はマイナスだった。それは私に責任がある。ですので、今はすでにある緑ヶ丘と坊主山の両エリアを大切にしていこうと。

天童 なるほど。各関係者の言い分を調整したり、何かしら問題が生じたときにケアをしたりと、労をいとわない牽引《けんいん》者の不在の影響ですね。ヴァイタリティのある牽引者がいないと、こうしたオリジナルな事業の成立は難しいのでしょう。でも今、中島さんは講演などで各地に呼ばれていますよね。多くの方がお話をうかがいたいと思っている。なぜ、中島さんが必要とされているのか。そこには、この国が抱えている課題や、前世紀からつづく経済成長という大命題の限界が関係しているのではないか。

中島 先日も鳥取県のある自治体に講演に行きました。そこは、過疎で集落が消滅しようとしている。でも、実際行くといいところなんですよ。大きな川が流れていて。

天童　過疎の問題を好転させるための一案として、クラインガルテンが注目されている？

中島　そうですね。大自然という財産があるので、過疎を食い止めることができるのでは、と。それだけでなく、都会に住んでいる人に幸せを提供することもできる。私自身は、過疎対策のためにクラインガルテンを始めたわけではありませんでしたが。

天童　しかし、結果としてこの問題に対する解の、最先端となられている。日本はずっと資源に恵まれない国だと言われてきましたけど、山、森、泉や川といった自然が、石油に匹敵する何ものにも代えがたい資源なのだと、見直す声が少しずつ上がり始めているということでしょうか。

中島　資源はそこにあるわけですから。それを活用するかしないかだけです。活用するということは、繰り返しになりますが、大勢の人に幸せになってもらうこと。過疎集落に住んでいる人が、大自然に囲まれることを幸せだと思っているかといえば、そうではない。四賀村が幸運だったのは、それを外から来た人に教えてもらえたということ。都会の人に幸せを提供しながら、われわれも土着の幸せを教えてもらっている。

天童　自然のすばらしさは一方で、維持、継続があってこそ保たれる。次世代、という課題が浮上してくると思います。例えば、若い人にクラインガルテンに来てもらうためのネットワークづくりについては、どうお考えですか。

中島 今はモータリゼーションだから、若い人への道は開かれていますよね。いろんな選択肢がある中で、ゲームをするより、こっちに来たほうが楽しいと、大自然の価値をキャンペーンする必要があると考えています。やり直しのきかない、一度きりの人生ですからね。普段激しい競争の中に身を置いている人こそ、こういう時間を作ってほしいですね。

天童 お話をうかがっていて、「教育」も、クラインガルテンという、これからの世界を生き延びてゆくための知恵を備えたシステムの、柱となるキーワードなのかな、と。

中島 まさにそうです。緑ヶ丘では、薪《まき》ストーブを導入しています。森に入って、この木とこの木を間伐してください、とガルテナーにお願いする。ノコギリを使って木を切って、乾かして、薪にする。子どもや孫もそれを手伝う。山林を外から眺めるのではなくて、実際に入っていって健康な森を作るためにどこを間伐すればいいのかを身をもって知る。汗を流して作った薪がエネルギーになる。汗が燃料になるんだ、と学習する。

天童 そこには、必要な時間と試行錯誤を受け入れる〈辛抱と寛容〉がありますね。どちらも世界から今刻々と失われつつありますが。森とか、農業というのは、それを自然な形で教えてくれる。

中島　すごい言葉ですね。まさにそう。

天童　私も都会に暮らしているので、一番の願いは、市街地の暮らしのすぐ近くにこういう施設があることですね。それこそ、ミュンヘンのように自転車で15分で行けるような。

中島　もっと増えればいいと思っています。日本は地価が高いから、首都圏をにらんだ場合なかなか難しいことですが。高尾山ぐらいが一番近いのかな。

天童　きっとその気になればそこここに向いている場所があるんでしょうけど、農地法をはじめ、時代の流れに追いついていない縛りが多すぎるんじゃないでしょうか。今後を見据えて、そうした古い縛りを解いたほうが、社会も人も元気になるよ、面白くなるよ、ということを、クラインガルテンが見せてくれている。

中島　まだまだ、今でも、農業という面では異端児ですけれどね。大型のトラクターで耕作するのが農業だと思ってる。

天童　この場所に来る人は、有機無農薬にも魅《ひ》かれているのだろうと感じます。今は、農作物もグローバル化の荒波を受けて、どんどん遺伝子組み換え作物が台頭していますが、その対極にありますね。

中島　それはとても差し迫った問題です。少しクラインガルテンから話がそれますが、今私は養鶏の仕事をしています。エサに遺伝子組み換えの穀物を使うことに、すごく抵抗しているんです。遺伝子組み換え作物を直接人間が食べる場合には表示義務がありますが、家畜飼料にはない。枯れ葉剤を大量に使って育てていますから、遺伝子組み換え作物には有害物質が分解されずに蓄積されている。それを、家畜を通して口に入れることになってしまう。あるレベルに達すると、がんが発生してしまう可能性がある。安ければいいではいけない。現役のみなさんが危険にさらされてしまう。

天童　表示の点を含めて、一般の人々の目から隠されている問題だけに、深刻かつ、子を持つ親の身として恐ろしい話です。クラインガルテンのような場所をどれだけ死守できるか。それが、子どもや孫を守ることにつながっていくのかもしれません。時間をかけることを無駄だと嫌い、本当に安全かどうか辛抱強く検証することを割に合わないと切り捨て、都合の悪いことは法律を味方につけてでも隠して、派手な広告で売ってゆく。そうした世界の主流のやり方に流されず、対峙してゆくには、有機無農薬や、自然の豊かさを大事にするこういった活動の大切さを、地道に人に伝え、その輪を広げていくことしかないのでしょうね。我慢の必要な地道なことを、人々が辛抱してつづけていけるかですね。

中島　絶望してはいけないな、と思うのが、クラインガルテンが今全国に約５３００区画あるということ。私たちが始めたときはゼロでしたから。それだけ、意識が高まっている。やりつづけなければいけないな、と思いますね。

天童　ところで、中島さんは非常に広い視野をお持ちですが、幼い頃からのことですか？

中島　私は戦争経験者でして……。生まれが次男坊なものですから、独立独歩するために軍隊に入った。そこでいろんなものを見ましたね。終戦は長崎県の特攻戦隊で迎えました。終戦があと半年ほどずれていれば、今こうしてしゃべってはいられなかったでしょう。原爆投下から4日後の長崎市内にも捜索のため入りましたね。相当被曝したと思います。あの生き地獄を見ていますから私は絶対に戦争はいけないと思っている。

私がいつも会う人ごとに問いかけているのは、「あなたは今幸せですか」ということ。一度しかない人生。みんなが幸せになるべきだと信じています。

中島学《なかじままなぶ》——1929年長野県四賀村（現・松本市）生まれ。15歳で出征。終戦を特攻隊員として長崎県で迎える。全国養鶏経営者会議会長を経て、1991年から2005年に村が松本市に合併されるまで村長をつとめる。現在、農事組合法人「会田共同養鶏組合」会長理事。

広がる快感

天童　クラインガルテンが生まれるまでの経緯を、牽引者である中島さんに先ほどうかがいました。政治の裏側や多くの人の思惑がからんだドラマチックなお話だったんですが、実際問題、日本初のことですからね。右にならえの日本人の性質からして、初めて、というのは最も困難をきわめる状況でしょう。当時、金井さんのお立場からはどう見えていたのか、というところから。やはり「クラインガルテンなんてとんでもない」という声が多かったのでしょうか。

金井保志さん（以下金井）　それはそうですよ。私は四賀村の財政課にいましたから、よくそんな批判を聞きました。過疎対策のための過疎債を、なぜ都会のために使うのだと。でも、その一方で、クラインガルテンの土地の所有者には村から賃貸料が入るため、前向きに受け止める人もいた。寝たきりの老人でも、年間5万円が入る。過疎の村でそれだけのお金を稼げるのは、珍しいことですから。

それに、クラインガルテンができる前は、ここら一帯は荒れ放題の桑畑だった。昔は養蚕が盛んでしたが、養蚕業の衰えと共に桑が放置されていたんですね。毛虫だらけでしたよ。そういった遊休桑園の解消を一気にやろうという目的もありました。

天童　いつぐらいから、村の方々みなさんが乗り気になり出したのでしょう。

金井　実際に「田舎の親戚制度」などを通じてガルテナーたちと深い交流が始まると、変わってきましたね。冠婚葬祭も共にするようになった。

天童　地域に外部の人が入ってくることによって、思っていた以上にいい影響が出たということですか？

金井　すごくよかった。昔なんて、都会から人が来ても、地元の人は「標準語を話せない」と背中を向けていた。でも、ガルテナーが増えて、声を

●金井さん（写真右）と岡崎さん（写真左）にお話をうかがう。

かけてみたら「あ、標準語じゃなくても通じる」と（笑）。数年前に亡くなった私の親父も、自分からガルテナーに話しかけていたぐらいです。田舎の人は愛想がないって言われるけれど、愛想はあるんです。ただ、とっかかりがなかっただけ。

今は、緑ヶ丘で、田舎の親戚制度を拡大させた交流クラブが活動しています。一緒にお祭りをやったり、この地域独特のしめ縄を作ったり。おすそわけをし合ったりね。すごくいい交流ができている。

天童　クラインガルテンが横へと広がっているのですね。

岡崎英生さん（以下岡崎）　普通の別荘と違うのはそこですね。別荘ではここでのような交流は生まれないでしょう。

金井　交流だけでなく、農作業の余力がある人が、クラインガルテンとは別に、田舎の親戚制度のつてをたどって、村人から土地をさらに借りたりという効果もあります。

天童　最初に入園募集の声をかけたときには、有名な雑誌が取り上げたこともあって、倍率が数十倍ぐらいの人気があったそうですね。今はどうでしょうか。

金井　今はだいぶ落ち着いて1・1倍ぐらいですね。景気の低迷も影響していますし、他の自治体にもクラインガルテンが増えてきた。その中でどううちのよさを知らしめるか。

実際に使っている人の声を発信したり、ここを拠点に、登山など他の場所へ遊びに行けたりといったメリットだとか。そういったうちのよさをどう発信するかが課題だと思います。

天童　若い人の利用はありますか。

金井　今は一番若い方で、52、53歳ぐらいでしょうか。やはり60代が多いですね。年金が充実してきて、暮らしに自由ができてくる世代。面接のとき、奥さんに連れられてやってきてブーブー言ってた旦那さんも、1年ほどするとすっかり土いじりの楽しさに目覚めて、逆転してしまう（笑）。

有職者は、どうしても日々の仕事に追われて、足が遠のいてしまう。やりたい気持ちはあるんだけれど、迷惑かけてしまうので、と更新をやめてしまう。祖父母が契約して、子どもや孫が遊びに来る、というのがうまい利用の仕方ではないでしょうか。空気も澄んで動物もたくさんいる。お孫さんにも心に残る思い出になりますよ。

岡崎　そうやって、本場のドイツのように子、孫へと受け継がれていくといいですよね。若い人も、こちらに来れば絶対に好きになる。現にうちの子どもも孫もここが大好きです。ここがいかにうちの孫娘にいい影響を与えてくれたか。

天童　岡崎さんは、最初にこちらに入園したとき、不安はありませんでしたか。

岡崎　まったくなかったです。自宅の近所の菜園で野菜づくりの経験もありましたし、有機農法の講習会など、支援体制がきっちりしている。むしろ、星はきれいだし、本当にいいものを作ってくれたという気持ちです。ガルテナー同士はもちろん、村の人とも交流できますし。会社とはまったく違う人間関係ができる。趣味がなくて困っている人は、ぜひここに来たらいい。興味がどんどん広がっていくんです。快感のオクターブが広がる。

天童　感覚が敏感になる。

岡崎　まさにそう。鳥のさえずり、風の薫り……。

金井　何十年もここに暮らしている私たちですら、朝起きてさわやかだと思うことがありますからね。

天童　逆に、都会ではあえて鈍感にならないと、暮らせない状態だとも言えますから（笑）。最後に、クラインガルテンをつづけていく上で、今後の課題は何かありますか。

金井　獣害ですね。山から降りてくるシカやイノシシがすごく増えた。山が荒れているからです。昔は木は貴重な燃料ですから、落ちている枯れ枝一本拾っただけでも泥棒呼ばわりされた。でも、石油によって生活が変わって、森林資源の利用がまったくなくなってしまった。松も杉も樹勢がないですね。あとは、温暖化。シカが一年に2回発情するようになってしまって、どんどん増える。今や、人間がオリの中にいるようなものですよ。じりじりとのしかかってくる。

天童　自然は生きている資源。だから、環境の変化に常に左右される資源でもある、ということでしょうか。活用せずに放ったらかしにしておくと、かえって自分たちを追い込むことにもなりかねない。この場所の課題は、日本全体の課題ともつながっているのですね。私たちは資源に関して、これまで外にばかり目を向けていましたが、自分たちが有しているものにもっと繊細に意識を向けていかなければ、失おうとしているものはあまりに大きい。それに気づくためにも、クラインガルテンの役割は大きいですね。

岡崎　クラインガルテンは学習の場。非常に基本的なことを学び直すことができる。20年、30年と続いていけば、本当にこの国は変わることができるかもしれませんね。

岡崎英生《おかざきひでお》―１９４３年山形県生まれ。早稲田大学卒。出版社の編集者を経て、フリーのライターとして週刊誌などで活躍。２０１３年、四賀クラインガルテンでの1年間をつづった『畑のおうち』を刊行。その他の著書に『富良野ラベンダー物語』など。

金井《かない》保志《やすし》——1946年長野県四賀村生まれ。四賀村役場を経て、2005年から「四賀むらづくり株式会社」代表取締役。

都市と農村の共存

実際に四賀クラインガルテンを訪れて、まず初めに実感したのが自然のすばらしさでした。澄んだ空気であり、山や森の豊かさであり、ビルなどにさえぎられることなく大空をどこまでも見はるかせる風景の広がりです。肉体の実感というものは、想像だけでは補えないものがある。現実に外に出て、普段ふれない空気や土に五感をさらすことの重要性を再認識させられます。

「豊かさ」という言葉についても、あらためて考えさせられました。ガルテナーと村民たちの暮らしは、よく言われる「貧しいけれど自然があれば幸せ」ということにはとどまらない。食べ物がおいしい。空気や水がおいしい。様ざまな知恵や知識を持つ村民とガルテナー同士の交流も濃密で、音楽会を開いたり、文学や美術の話もしたりと、すごく文化的です。あれ、これって自分たちがずっと求めていたことじゃないのかって、本質的な意味で豊かさを感じました。

今回の取材を通じて思ったことは、これまでの対談とも共通して、やっぱり「人の志、人の熱意」なんだなということです。まず、クラインガルテンを生み出した人、中島さんですが、二つの逆転がその原動力となっている。

最初は、ふるさとの信州を離れて高度経済成長期の東京に滞在され、あらゆる物質的豊かさがそろっているにもかかわらず、自然から隔離された大都市の生活が、ある種の貧しさにあえいでいると気づかれたこと。相対的にふるさとのすばらしさを発見し、そのよさを都会の人にも味わわせてあげたい、と思ったことがクラインガルテンの起点になっている。

次は、イタリアを訪れ、貧民窟だと思っていた小さな集落が、訪ねてみると、実は本当の意味での豊かな暮らしを送っている人たちであり、クラインガルテンと呼ばれるドイツ発祥の滞在型農園だと教えられたこと。この二つの逆転が、彼を駆り立てるモチベーションとなってきた。あらためて、人間の内面の大事さを思わされました。やはり、人間ありきなのだと。

その後、中島さんがいろいろな壁にぶつかったときに助けてくれたのも人間です。ヒントをくれた官僚だったり、応援してくれた県知事だったり、様ざまな思惑があれど、結果的に予算を通してくれた議会だったり。誰一人欠けても、今のクラインガルテンはなかったでしょう。

一方、ガルテナーの岡崎さんは、彼の庭で土いじりの体験をさせていただいたときに、ご自身がおっしゃったように、「人生の快感の音域を広げる感覚」という生き方をされている。ガルテナーたちは、農作業を通じて自分たちがさらに成長すること、学ぶことに喜びを覚えている。一般的には不便と思えることすら、知らないともったいない経験、とおっしゃる姿に、クラインガルテンは〈辛抱と寛容〉が自然と身につく場所なのだと感じました。

辛抱はつらいことだという思い込みがあるけれど、実は長期の利益を得るためのステップだと思います。真の豊かさへ向かうステップなのだから、辛抱する意図が理解できていれば、本来少しもつらくない。彼らは、そういったことにも気づいている。

週末だけ農業、というスタイルは、いいとこ取りのようで、違和感をおぼえる人がいるかもしれないけれど、それで都市と農村が共存できるのであれば、いいことじゃないか、と思うのです。その中で〈辛抱と寛容〉が身につくのであれば、堂々といいとこ取りをしてゆけばいい。

私たちは大量生産品や、利益率の高い贅沢《ぜいたく》品ばかりがメディアにさらされる広告社会の中で暮らして、おうおうにして命や環境にかかわる大切なことほど、目隠しをされています。地道で利益率の低いものは、私たちの目にふれることは少ない。それは一つの洗脳でしょう。クラインガルテンだけでなく、人の健康を長期に考え、自然環境に対して百年単位の配慮をおこたらない施設や学びの場が増えてゆけば、自然とふれ合う新たな暮らしの経験値を上げていく中で、本当の豊かさに気づく人が、次の世代、さらに次の世代と増えていくのではないでしょうか。

取材を通じて心が共振したもう一つは、繰り返しになるけれど、やはり「自然」。森や水や大地が、天然ガスや石油に負けないぐらいの資源だということを、あらためてとらえ直すことができました。農業をできる土地というものは、単に農作物だけではない、豊かな未来を形作るエネルギー資源であるはずなのに、私たちはそれにあまりにも無頓着であったように思います。

金井さんがおっしゃっていた獣害の問題は、その象徴的な出来事の一つです。四賀という小さな地域を見に来たのだけれど、そこから日本全体の課題が見えてきました。小さな土地に立ち、土にじかにふれることで、世界規模で生じている問題まで見えてくる。害獣が増えたのは、今や全世界で緊切な問題である地球温暖化のほか、資源活用の偏りや人口流出などの影響により、自然の秩序が乱れてしまったからです。各国共通の経済構造の問題点があらわれているのです。

もはや古くなったと言える経済成長の神話的価値観によって立つ都市集中のシステムが、かえって今の人口減少の背景の一つになっていると思います。人口密集によって、多くの商業施設が集まっているので、消費者にとっては利便性が高いけれど、小さな子どもを持つ若い夫婦や、これから子どもを持つかどうかを考えている人たちには、生活環境の悪化や、保育園の待機児童の問題、経済の先行きを見据えての雇用不安、収入と地域の物価のアンバランス、そして日々競争にさらされ、人の目にさらされつづけるストレス感など……今の都会で、子どもを育てられるかな、と不安になってしまうのは仕方のない話でしょう。子どもを持つのを控えて今の生活をともかく落ち着かせよう、いや結婚自体をせずに消費者としての日々を楽しもう、という人々が増えてくるほうが理にかなっています。

世界の流れを変えるのは困難でも、個々の人が流れからちょっと脇に外れることは少しの意識の変化で可能です。これ違うな、と気づいた人たちが、自分たちの手で整えられる自然を経験することで、目の前にあるのに未知だった世界の豊かさに気づくことがあるのではないでしょうか。

そのために、「滞在型」を少しアレンジして、「往還型」という言葉を提案したいと思います。行って戻ることができるって、すごく自由でしょう。ずっとその場所に責任を持たなければいけないのでは難しい、と窮屈な場所に足を止めている人たちを、自由を担保することで、解き放つことができるのではないでしょうか。行きつ戻りつが、都市と農村が抱える行き詰まりを展開させてくれる予感がします。

自然というものは、閉ざされたものではなく、都市に向かっても開かれていることをクラインガルテンが証明してくれました。気軽に行き来できるようになれば、農村にしばらく滞在したり、そのまま移住したりと、人口も増えてくるでしょう。そうなれば、保育所やクリニックもできたりと、より子どもを育てやすい環境になることも期待できます。この国のあり方を変える有力なきっかけになり得ると思います。

「田舎で農業」というのはノスタルジーと共に語られがちだけれど、実は未来への扉なのではないでしょうか。

第八章 つながることは災害への備え

2014年1月、埼玉県杉戸町で開催された「協働型災害訓練」。杉戸町、福島県富岡町、同川内村の自治体に加え、NPO法人など150団体が参加した。民間主導での大規模訓練は全国的にもまれで、NPO法人「すぎとSOHOクラブ」（埼玉県杉戸町）と同「NPO埼玉ネット」（さいたま市北区）が企画した。二つの団体でそれぞれ副理事長と事務局長をつとめる豊島亮介さん（39）は訓練の統括責任者。「すぎとSOHOクラブ」理事長の小川清一さん（70）（写真）、「NPO埼玉ネット」代表理事の松尾道夫さん（67）も〝民〟の立場から防災に尽力してきた。

正義感と人間性

天童荒太（以下天童） 日本は地震国です。活動している火山も多い。台風も来る。一方で乱開発や、人手不足や予算不足によるインフラの整備点検ミス、甘い想定による防災施設の不備などによる人災もある。東日本大震災以降、災害への備えが進んだのかと言えば、決してそのようには見受けられない。こんなことで大丈夫なのか、という不安はむしろつのるばかりです。

そんな中、国土交通省が「広域的地域間共助推進事業」を募集していたと知りました。つまり同時に被災するリスクの少ない、離れた地域同士が普段から交流することで、災害発生時に互いに助け合えることを目的とした事業です。これは実にすばらしい考えです。つながり合うことが、互いの生存につながるモデルです。

この事業の活動団体で、ひときわ目を引いたのが、埼玉県杉戸町を中心として、福島県富岡町、川内村、および様ざまな団体が協働して行われた、首都圏直下型地震が発生したことを想定しての大規模訓練でした。

この訓練を発案された「すぎとSOHOクラブ」と「NPO埼玉ネット」のリーダーに、ぜひお話をうかがいたいと思いました。

さて、もともと小川さんが3・11の震災直後に友好都市だった富岡町の支援に行かれたのが、今回の民間主導の大規模訓練につながるきっかけとなったとお聞きしました。

小川清一さん（以下小川） もともと、杉戸町と富岡町はテニスを通じて交流があったんです。どちらもテニスが盛んですからね。富岡町にはテニスの施設がたくさんあるから、杉戸の町民が向こうの施設を使わせてもらったりね。それで震災の約半年前に友好都市になったばかりだった。震災が起きて、われわれ（すぎとSOHOクラブ）は今まで災害関連の活動もやっていたものですから、支援に行くのであれば、まずは友好都市の盟約を結んでいるところへ行こうと。

豊島亮介さん（以下豊島） 道路も規制がかかって車両が入れない中で、小川は杉戸町長に手紙を書いてもらったんですよ。「こいつら炊き出しに行くから通してやってくれ」と。小川たちが支援をした直後まで、富岡町民は川内村に避難していたんですが、そのうち避難区域が拡大して、川内村民も避難しなければならなくなった。みなさん郡山市に向かうことになったんですが、移動手段がない。そこで、富岡町の遠藤町長が、杉戸町の古谷町長に電話をかけてきて、どうにかしてほしいと。町長が号令かけて、7台のバスで郡山へと運んで、首都圏に避難したい人は来てくださいと。約200人受け入れることになった。とはいえ公共施設が足りないので、隣の幸手《さって》市、宮代町に声をかけて。それから約半年間、こちらで避難生活を送っていただいた。

その間、われわれもリヤカーを屋台代わりにしてみんなが話せる場を作ったり、いろいろコミュニティーづくりを中心にした支援活動も行いました。避難生活をしている方たちを三世代に分けて、高齢者は土いじり、現役世代は仕事探し、子どもたちには無料の学習塾を開いたり。でも、富岡町の人は意外と都会派で実はあんまり土いじりしなかった（笑）。

小川　避難する側と受け入れる側、互いのニーズは一夜にしては分からない。理想どおりにはいきません。互いに学んでいくのが現実ですね。

天童　地震発生後間もなくですと、余震や、福島第一原子力発電所の爆発による放射能の問題など、どんなリスクがあるか、読めなかったでしょう。一方でまた、本当に相手の助けになるかどうかも未知数の中、通常ならつい尻ごみしてしまいそうなところを、ともかくぱっと行動できてしまうところがすごいですね。

小川　杉戸町は江戸川・古利根川の流域にありますが、もともと「川」を通じて、いろんな自治体と交流があった。その中に新潟県山古志村（現・長岡市）もあって中越地震のとき困った状況を学んでいたから。

豊島　あっちで困ってるときこっちで助けるのって大事だよね、という広域的共助みたいなことを、山古志村とのつながりで学びましたね。困ったら助けに行こう、というゆるやかなつながり。首都圏でもそのうち何か起きるだろうと思っていましたし。災害のニュースを見て大変だなと思っても、住んでいる人の顔までは思い浮かばない。でも、知り合いとかがいると、顔が思い浮かぶ。そういう普段のつながりって大事だよね、と。

小川　そういうつき合いの中で、新潟の人から、災害の後の状況のことをいろいろ聞いていたから。震災が起きたと聞いて、きっと備蓄品じゃなくて、生鮮品や温かい物を食べたいだろうと。われわれは普段から、イベントとかで川にちなんで「カッパ汁」って名付けたすいとんを販売していたんですね。主食にも副菜にもなるからと。道具やノウハウも知っていたから、イチから用意する必要がなかった。そういう積み重ねがあったから、災害時にどういうふうにすればいいか分かってた。向こうには調理器具も水も十分にないだろうから、なるべく手間がかからないように、こちらで全部材料を切って持って行ったりね。

天童　つまり、普段の暮らしの中や、日常的な地域活動を行っているときから、大きな災害が起きたときのことを意識されていた、ということですか？

小川　そうそう。まずは自分たちが楽しんで、いざというときには役に立つものをと。日頃からやっていたから、どういうものを出せば喜んでもらえるか分かっていた。

天童　うーん、すごいなぁ。いや、災害に対しては日頃からの備えが大切ですよと、耳にタコなんですが、実際にはなかなかできないものです。それを具体的な形で、しかもイベントを利用して楽しくやられている。いや、むしろイベントにするから楽しくて、つづくのかもしれませんね。

では、今回の「協働型災害訓練」ですが、どのようなものであったか具体的にお聞かせいただけますか。

豊島　1日目は図上訓練。そのベースとなったのが、ＩＣＳという国際的な防災言語ですね。震災時は災害本部が乱立していたわけですが、それっておかしいよね、と。一つの災害に対して、災害本部は一つでいい。ＩＣＳなら、どんな地域の人が集まっても、一発で災害対策本部が立つ。日本ではあまり標準化されていないのですが、それは困るでしょと。ＩＣＳを身近なものにしようと取り組んでいる団体があって、そこと協力して。2日目は、炊き出しとか、自家用ヘリの離着陸訓練とか。各自治体もヘリ会社と契約しているんですが、台数が少ないのでいざというとき奪い合いになって使えない。そんな中、自家用ヘリを活用して情報収集をしようと。

天童　埼玉県の小さな町と、二つのＮＰＯが主導するにしては、とても大がかりですね。なぜ杉戸町でこういうことができたのでしょうか。

豊島　私なりの分析ですが、小川がいたからというのは大きいですね。お父さん、お兄さんからの流れだったり。肌感覚で理解できるものを持っている。キーマンが出現する確率は誰にも分からないけれど、場所や雰囲気を作っておくだけで、確率は上がると思っています。特に今、村的なコミュニティーというか、「自分はこういう人間ですよ」と語れる場が少なくなっていますから。

天童　ではそのキーマンがどうして出現し得たのか（笑）。いったん訓練の話から離れて、さかのぼってお聞きしますが、小川さんの、人を「助けなきゃ」という気持ちの根底にあるものは何ですか？

小川　いざというときは人を助けようという、単なる正義感。あとは人間性だね（笑）。もし行政が支援をしようということになっても、生鮮品とか、温かい物を食べたいだろうという発想は出てこない。でも民間はそういうことができるから、地域活動のＮＰＯをやっている。

天童　人間性かぁ。いや僕は、「人はなぜ人を救おうとするのか」ということにすごく関心があるんです。貧富や貴賤の差がたてまえはともかく広く深く是認され、嘘や欺瞞《ぎまん》や争いや暴力が絶えないこの世界が、今のところまだ潰滅状態にまでは追い込まれず、なんとかやってこられているのは、人が人を救おう、という行動をとっているからでしょう。

小川　まさにそういう気持ちでやっている。人も大事だけど、地域を救おう。商店街をどう活性化するか、どう仕事を作るか。そういうことが、人のためと言いつつ、自分のためになっていく。そういうのがあって、町おこしだったり、社会的弱者の自立支援とか、高齢者の居場所づくりをやってきた。災害支援もその中の一つ。

天童　でも誰にでもできるわけではない。誰かを救おうなんて、気持ちのない人はもちろん、あっても普通はなかなか動けない。目の前で転んでいるなら手を差しのべやすい。いや、それさえ立ちすくんで、気を回しすぎて、何もできない人が増えている。まして、遠い場所で転んでいる人を気づかい、まだマスコミや情報機関が取り上げる前に、駆け出しているというのは並大抵ではないですよ。しかも普段から人が転んだときに必要とされるものを、周囲に声をかけて用意してるんですからね。小川さんにそれができてしまうのは、例えば、個人的な生育環境、育ちもあるのでしょうか？

小川　それはあるかもしれないなあ。うちはね、兄貴も元町長で、親も議員やらなんやらやっていた。何が正しいのか、肌で感じて育ってる。ゴミ処理場がなかったとき、自分の土地に生ゴミを受け入れたりね。

天童　そうなんですか。であれば、小川さんご自身が政治家になろうとは？

小川　ないない（笑）。オレなんか、兄貴がそういうのやってるから、表には出られない。あえて避けてたね。定年になって、じゃあ人のために役立つことやろうかって、NPOを立ち上げた。やりがいというか、生きがいだね。

天童　では、豊島さんは、人のために動きたいというモチベーションはどこから？

豊島　いやあ、自分でもまさかこういうことになるなんて想像しませんでしたね。今の仕事もやむにやまれず（笑）。もともと、IT企業から独立するとき、カフェのプロデュースをやりたいなと思ったんです。そんな中、起業支援をやっている小川のことを知って。そこからつき合いが始まった。小川いわく、「年寄りは若い奴らに使われたがってるから、逆に使ってやれ」と。

小川　そうそう（笑）。年寄りに使われるフリをして、使ってやれ、と。パッといきなり営業に飛び込んでも相手にされないけれど、そういうつき合いがあれば「じゃあ知り合いだからあそこ行ってみろ」と。社会のヒューマンネットワークを養う。

豊島　おかげで人脈が広がりましたね。小川は、大きな流れを見る目を持っている。

天童　お話をお聞きしてると、豊島さんはもともとプロデュース業がお好きなんですね。

豊島　そう言われればそうかもしれません。大学時代も、単科大学だったのでサークルは作れないと言われたんですが、執行部にお歳暮を持って行って根回しして、サークルを立ち上げたり（笑）。作り上げるのが好きなんだと思います。

天童　震災の支援でいえば、住民の避難は長期にわたりましたけど、受け入れた杉戸町は、負担には感じなかったのでしょうか。公的施設を避難所に提供して、生活上の不都合もあったと思いますけど、町民の感情面を含めて率直なところをお聞かせ願えますか。

豊島　こういうのって、「他人の欲をかなえたい」という欲求の一つで、奉仕ではない。だから、負担と天秤にかけることではないと思うんです。町民も団結したし、震災や防災に興味を持つ人が増えた。行政も避難所の運営というノウハウが持てましたし、いい効果が生まれた。

天童　もしも巨大災害が起きたとき、同時に被災しないだろう遠隔地に、自分たちを受け入れてくれる逃げ場所があるということは、お互いにとって精神的なゆとりとなるでしょうね。都市と地方のつながりが今どんどん薄く、脆《もろ》くなっています。人口の流出が止まらず、東京だけでなく、各県、各地域で、それぞれの都市への一極集中が進みつつあるようです。その反作用として、田舎というバックボーンを持てなくなったり、縁が切れたりして、万一のときの避難先、いわゆる里帰り先が失われてしまった。

生存にかかわる危機に際して、自分たちには食糧の自給自足ができない、調達さえもできない……そういう不安が、無意識のうちに都市に住む人々を苛立たせ、自分さえよければと孤立化を深める要因の一つになっているのではないかと感じています。ですから今回のような取り組みは、人々の精神のあり方にも好影響を与える気がします。今後活動をさらに広げていきたいという思いはありますか。

豊島　杉戸町は首都圏から30キロと近く、地盤もしっかりしてる。田畑もあるから自給自足もできる。そういう場所が後方支援自治体として名乗りを上げる。

今回、全国のNPOと結んで訓練を開催しましたが、全てをこちらでコントロールするのは難しい。こういう集まりが増えていって、例えば「うちは医療に特化します」とかができればいいなと。そういう場所が首都圏を囲むようにたくさんできれば、首都圏直下型地震が起きたときに役に立てる。

天童　いろいろな人や場所とつながってみて、実際のところどういう感想を持たれていますか。

小川　やっぱり、人間だから、いい人も悪い人もいるけど。そんな中で、先日もあるイベントで助けた人がお茶菓子持ってお礼に来てくれてね。ささやかなことだけど、やってよかったと思う。そういうのは期待するもんじゃないけれど、1年に何回か、あったかい気持ちになることがある。何物にも代え難い。マスターベーションかもしれない。でも、そういうことをしていかないと、生きてる価値ないじゃない。

小川清一《おがわせいいち》――「すぎとSOHOクラブ」理事長　1944年埼玉県杉戸町生まれ。日本電信電話公社（現・NTT）を経て、2003年にNPO法人「すぎとSOHOクラブ」を設立。

もう一人のキーマンが、「NPO埼玉ネット」の松尾道夫代表理事だ。豊富なNPO同士のネットワークを持ち、多種多様な団体の参加を実現させた。「NPO埼玉ネット」の事務局長もつとめる豊島さん（写真左）の案内のもと、松尾さん（写真右）を訪ねた。

リーダーの役割

天童　先ほど小川さんにもお話をうかがって、こちらが助けるにせよ、また誰かに助けを求めるにせよ、緊急時には、リーダーの果たす役割がいかに大きいか、ということを実感させられています。万が一の事態に対する意識が高い、人望のある個人が「よし、これはやるべきことだ」と腹を決めて動くことで、周りや組織も促されて動き出す。

松尾さんも、豊かな人脈を活かして、震災直後の支援に向かわれたり、2014年夏の広島土砂災害のおりに救助犬を派遣されたりしています。その流れもあって今回の訓練につなげられているとお聞きしました。リーダー論、また非営利の団体論という面に踏み込んで、お話をうかがえればと思っているのですが、松尾さんの今の活動の原点は？

松尾道夫さん（以下松尾）　一番最初は、フリーマーケットのNPOをやっていたんです。お祭りが好きなんですね。そういうお祭りと、市民活動がうまくつながればと。フリマをやりながら熱気球をあげるとかいろいろやっていて。2003年、現在の埼玉県知事が当選して、埼玉を日本一のNPO立県にすると宣言した。そこでNPOにオフィスを提供しようということで、「埼玉県NPOオフィスプラザ」というNPOの支援施設を作った。そこにわれわれ含め17団体が入居しました。マンションの自治会のようなものが作られて、その委員長が私に。そこで、せっかくNPOが集まったんだから、レベルアップする必要があるということで、東京の港区にある「みなとNPOハウス」をモデルにした。「みなとNPOハウス」には全国的なNPO法人が入っていて、そこからNPOの運営の仕方をサポートしてもらうようになって、NPO同士の連携のような取り組みになっていった。

NPOといっても、事業規模が300万円以上のところが、全体の3割あるかどうかというぐらい。事務所の賃料3000円も払えないNPOがほとんどです。そういったNPOが活動を広げていく取り組みの一つとして、毎年代々木公園で「NPOまつり」というイベントをやったりしています。

それがNPOへの入口ですね。オフィスプラザの活動もしながら、全国的なこともやりました。理論家は多いけど、実践家はまだまだ少なかったので、そこを融合していきましょうよ、と。そんなことをやりながら、一方で、NPO法[*1]の成立を目指したのは、阪神・淡路大震災があったからです。民は官より先に動くことができ、それが人の命を助けることにつながっている。そこを忘れてはならない。それがNPOの原点だから、災害支援をやっていこうと。オフィスプラザに災害救助犬の団体のメンバーが出入りしたり、阪神・淡路大震災のときに支援をしていた団体のメンバーと知り合ったり、そういったつながりがどんどん広がって、災害支援をやるようになりました。

天童　素人のごく基本的な質問なのですが、日本になぜこれほど急激にＮＰＯが増えてきたのでしょう。つまりなぜみなさんＮＰＯ法人を作るのでしょうか。

松尾　ＮＰＯ法人の認証を取れば、行政の支援を受けやすくなるという人もいますね。もちろん、そこには基本となる事業がないとダメ。行政としては、どこかの株式会社とか、任意団体とかよりは、ＮＰＯのほうが支援しやすい。寄付金にしても、会社に寄付するって違和感ありますよね。フリマのように事業性が高いような団体の場合は有限会社にしてしまってもいいと思いますが、災害支援などに関わる団体は、ＮＰＯ法人の認証を取得するのがいいのではないかと。

豊島　確かに松尾さんの世代はそうかもしれない。彼らは社会運動の一つとしてＮＰＯを

＊1――ＮＰＯ法（特定非営利活動促進法）……市民活動団体に法人格を与え、公共サービスやボランティアなど社会貢献活動の健全な発展を促進して公益の増進に寄与することを目的とした法律。阪神・淡路大震災で多数のボランティア団体が活躍したのを契機に、非営利団体が自由度の高い形での法人格を取得できるよう、１９９８年施行された。

とらえていて、NPO法ができたときは、彼らにとって春だった。体制に対して、労働者も組織を作らなきゃってやってきた人たちにとっては、一つの夢の形なんだと思います。

けれど、僕らにとっては、NPOというのは一つの働き方として存在している。アメリカだと、就職したい企業の第3位がNPOだったりというのが普通。日本もいずれそういう時代になるでしょう。僕らは行政支援をあまり期待していないんです。上の世代は「それは行政の仕事だろ」とよく言うんだけれど、僕らはそういう意識はあまりない。NPOは一つの稼ぐ手段です。寄付も集めやすいですし。会社に寄付をするっていうのも、なんか違う感じがするでしょう？ それに、働き方として、精神衛生上も悪くないですし。

天童　ということは、NPOは今は一つの職業として成立していて、若い人にとっては、そこで働くことは、一番に精神的なメリットが大きいということで、人気がある？ 大企業で組織の歯車として働くより、賃金としての収入は低くても、自分のやりたいこと本位で仕事ができるし、何より人のためになること、人の笑顔を見られるという面で、いわば精神的な収入が多く得られる、と。

豊島　若い人の中には精神的に弱く、そこに逃げ込んでしまっている人もいるかもしれません。一般企業ではムリだけど、みたいな。現在のような成熟社会の中では、必要というか、あるべくして（ＮＰＯが）できているのかな。
ＮＰＯと株式会社の違いは何かと聞かれたとき、「資本です」と答えています。株式会社は資本があります。資本家にとって資本を投下することは、配当という不労所得につながる。けれど、ＮＰＯは、資本を持たない。ただ、ボランティアではない。儲けを出してもいい。その代わり、再分配はしないよと。発生するのは、その事業に直接関わった労働者に対する給与だけです。だから、先ほど僕が働き方の一つだと言ったのは、ＮＰＯなら小回りよく、自分たちの思いが活かせるということ。大きな組織になると、食べていくためにしょうがないことをやらざるを得ないこともある。
天童　なるほど。思いを活かすというのと重なるかもしれませんが、松尾さんの活動をお聞きしていると、社会にとって必要なことだとしても、収支としては赤字ということがわりとおありですね。ご自身の持ち出しも少なくないとか。そうまでして、なぜ人を救おうとなさるのか。そこには何があるのでしょうか。
松尾　あんまり気にしてない（笑）。
豊島　元祖社会起業家なのかもしれませんね、松尾さんたちは。余計な利益をとらないで、次のために投資していく。ためるより、どうせなら楽しいことに使おうよ、と。ＮＰＯまつりだったり、そういう場所を松尾さんたちが作ってきて、その積み重ねで、今回の訓練でもあれだけのNPOが参加できた。

松尾　そうね。その都度「お金がかかるから、採算が」とかいったら何もできないのよ。災害支援なんて絶対できない。いくらになるか分かんないんだもん。どうにかなるかな、なんて。震災のときも、使っちゃいけない自分の家のお金、使ってしまいそうになったぐらい（笑）。

それにね、震災のときはSOSのファクスが、来るんですよ。今こういう状態でどうしようもないと。切々と書いているのね。物資を一つでもいいから出してくれと。それなら1便でもいいから、出そうと。その辺は行政とNPOの根本的な違い。行政はあまねく公平に、が原則ですが、NPOは違う。自分たちで判断すればいい。あるところに特化してもいい。行政だと、「なんだあそこばっかり」と言われる。私たちは、必要だと思うから、やってる。そこがNPOのいいとこですね。

そのよさを活かそうと、情報の取り方にもルールを決めている。NPO同士でメーリングリストを作って、震災のときもその情報をもとに支援に動いたのですが、そこにはマスコミに出た情報はあげてはいけないことにしている。マスコミの情報は、みんなが知ってるから、そこにワーッと集中してしまう。そうすると物資も人も余って、結局ムダになる。「誰々から聞いた」という情報もダメ。噂だから。行くと空振りになる。平時のいろんなつながりを持っていることが大事。この人が言うことなら、と信頼できる。信頼できる人から信頼できる情報が来たら、彼らにとっても信頼できるわれわれが、そこに支援をしていく、というのが効率的。

そこには上下関係もありませんし。もちろん、「指示どおりにいけよ」とは言いますが。そういう考え方だから、「なんでやるんですか、赤字なのに」と聞かれるが、信頼関係があるところはやらざるを得ない面がある。知り合いが森林を守る取り組みをしていて、その関係で川内村とつき合いがあったりね。そういうつながりが何らかの効果を発揮したよね、というのを経験として持ってる。

天童 なんにも特別なことじゃない、知り合いの頼みだからやるんだ、知り合いだから当然助けるんだ、ということですね。誰だってそうだろ、と。であれば、いろいろな危機が現在想定されていますけど、本当に助けとなるのは知り合いであって、自然の猛威に脆いインフラに金を投入するより、切実に今必要とされているのは、いかに離れた人同士、地域同士がつながっていられるか、ということだと言えそうですね。

松尾　その一つの方法が、「お祭り」でいい。祭りをすることで、離れた地域だけじゃなくて、近所の顔も見えるし。うちのNPOがある地元の商店街のお祭りに、南会津から来てもらったりね。お互いに交流しておけば、何かあったときに役に立つ。川内村は今は支援を受ける側ですが、今度首都圏で何かあったら支援したいと言っている。もらいっぱなし、やりっぱなしじゃなくて、お返しできるような仕組みを作っていく一つのツールでもあります。

天童　それっていわゆる親戚づき合いですよね。みなさんは、地縁血縁のない離れた地域に、新しく親戚を作るようなことをやられた。

松尾　川内村に有機農法をしている農家があってね。そこで作ったコメを送ってもらって、うちの近所のすし屋ですし飯にして、大宮市場でネタを買って。去年11月の終わりに、仮設住宅に行ってすしを無料で炊き出ししたりね。避難している人は、川内村のコメを食べられてうれしいし、うちの地元の若いメンバーも、それによって支援の輪に加われる。今度、川内村に商業施設ができるんですが、食堂もいるだろうと。じゃあ、うちの地元の店が定食屋出そうかという話もしてる。行くことによって、顔の見える関係が、つながりができてる。首都圏で何かあっても、「コメがない」と言ったら川内村から送ってくれますよ。

天童 いやぁ、同時被災のリスクがない地域がつながるというのは、人々の生存とか救援のためにはもちろん、「いざというときには助けてくれる場所がある」という、安心感や精神的なゆとりの面でも、これからの日本に、いや世界的にすごく必要ですね。

豊島 それをさらに深めるのが今回の訓練でした。他の地域でも地域間共助の取り組みはしていて、「こういうネットワークを作るので、災害時はこう助け合おうと思っています」という仮説です。ただ、われわれはすでに実際に助け合った経験があるので、その経験と教訓をしっかりとまとめて、必ず起こるであろう首都圏災害に備えようということです。松尾さんのことは以前から知っていたのですが、「これまでの活動を帰結させたい。一緒にやってみないか」って声がかかって訓練をやることになった、と。

天童 聞けば聞くほど、今後の世界に対するリスクヘッジ、つまり危険回避策として有効だなぁと感じ入ります。にしても、どうしてそこまでがんばれるのか、という疑問はまだ完全には解けないんですが、松尾さんはどんなお子さんだったんですか？

松尾 うちのオヤジはね、生協の専務理事やってた。市会議員もしていたね。影響受けてるのかなあ。絶対政治家になんかならないとは思っていたね。兄貴がオヤジの後を継いで出馬しようとしたら、家族全員で止めた（笑）。

周りには、生協の子どもがいっぱいいてさ。「お父さんに普段お世話になってるから、言うこと聞かなきゃいけないよって親に言われた」ってのがぞろぞろ（笑）。

天童 ガキ大将だったんですね（笑）。人が周りにいっぱいいるのが好きだった？

松尾 そうかも（笑）。フリマなんて、毎日お祭りみたいなもんだよね。ストリートミュージシャン集めてライブしてもらったり。

天童 NPOを立ち上げるまでは、どういったことを。

松尾 大学出てコンピューター系の会社に入って。その後、食品包装資材メーカーに転職して。二十歳そこそこだったけど、電算室長とか社長室長とかやって。そこで経営のことを学んだんだけど、その会社がダメになっちゃった。そこで、自分の資本はなんだと思ったら、「頭だ」と。大学時代なんて、塾と家庭教師で社会人より給料がよかった（笑）。それで学習塾を立ち上げたんです。そんな中で、商業施設の人と知り合いになって、催事的なイベントとしてフリマをやろうかと。

天童 ご自身の才覚プラス、やはり人との出会いがここまでつながってきてるわけですね。人が人を呼ぶというのは本当だな、と松尾さんのお話をうかがってると実感します。松尾さんはさながら「人とつながるプロ」と言えますけど、何か、こうすれば人とどんどんつながっていけるよ、っていうコツみたいなものはありますか。

松尾　普通に、本当のことを話す。それだけですね。来るものは拒まない。自然に、率直に話して、向こうが気に入ったらまた来るだろうと。

あと、僕らは性善説をとりますよね。行政はどうしても性悪説になってしまう。例えば100人いる避難施設に50個支援物資が来たとしても、トラブルが起きないように、100個になるまで待つ。とげとげしくなっちゃうよね。そこはNPOと行政は違うかもしれない。

天童　来年も同様の大規模訓練を予定されていますよね。首都圏直下型に備えるというものですが、べつに政府とか、首都圏の人間に求められたからやる、というわけではない。なぜ、あえてこれをつづけていこうと。

松尾　この訓練は一般向けではない。組織化された人を対象にしている。一般の人を組織化するのもありなんですけど、この訓練の主眼としては、各団体が参加して、情報を共有して、何かあったらそれで動けるようにと。だから、各団体の代表が参加します。

今回の取り組みはフェイスブックでも発信していますが、それを見て、団体の代表の人なりなんなりが、自分たちも何かやってみようとなればいいと思って。そうすれば、平時のつながりも出てくる。何かあったら遠隔地同士での共助もできるだろうし、そのためには、今年やって、助成金が終わったら終わりではダメでしょうと。費用の面でどうかなということもあるけれど、とりあえずやる。それによって、継続性を次の段階まで持たせることができる。

豊島　松尾さんが好きな「お祭り」と一緒ですね。そのテーマが、災害であったということ。今回のような取り組みを平準化させていくためには、リーダーにいっぱい来てもらって、それを持ち帰ってもらって、広げてもらう。そのために、何回も顔を合わせる。

天童　災害訓練という名のもとに、平時のつながりを強くしていく、と。人と人とがつながることが、危機に対する一番の備えになる。同時に喜びともなる。だからこその「祭り」なのですね。

豊島亮介《とよしまりょうすけ》——「すぎとＳＯＨＯクラブ」副理事長　１９７５年埼玉県浦和市（現・さいたま市）生まれ。春日部共栄高校、敬愛大学経済学部卒。ＩＴ企業を経て、２００７年プロデュース会社「ＦｕｔｕｒｅＷｏｒｋｓ」設立。同年から「すぎとＳ

OHOクラブ」、東日本大震災以降「NPO埼玉ネット」の活動に関わり、現在事務局長。

松尾《まつお》道夫《みちお》――「NPO埼玉ネット」代表理事　1947年長崎県佐世保市生まれ。長崎県立佐世保北高校、九州大学理学部数学科卒。コンピューターメーカー、食品包装資材メーカーを経て1975年、学習塾「教育ゼミナール　コンパス」代表就任。2004年NPO法人「フリーマーケット主催団体協議会」設立。2012年からNPO法人「NPO埼玉ネット」代表理事。

本能に従う

東日本大震災の甚大な被害から、一つの希望のように「つながる」という言葉が生まれました。震災で教育の機会を失った子どもたちを支える活動をしている二人の若者との対話から、様ざまな「つながり」を大切に育てている人々に会う、この旅は始まりました。最終回となる今回、「すぎとSOHOクラブ」と「NPO埼玉ネット」という二つの団体のリーダーにお会いしたいと思ったのは、震災から生まれた「つながり」が、今どういう形に発展しているのか、どういうふうに人々に受け止められているのか、見られればと思った面があります。

日本は、災害を免れない国です。対談の冒頭に申し上げたとおり、天災、人災、さらにはエボラ出血熱に象徴される新型ウイルスなど様ざまな脅威に直面している。そんな中、「つながる」ことは、多様な危機に対して「備える」ことになるのではないか、という考えが芽生えてきました。今回お会いした三人は、まさにそれを具体的な形で実現させる取り組みをされていました。

その舞台となったのは、埼玉県の杉戸町という小さな町です。失礼ながら今回の件で訪ねるまで、私はこの町の名前すら存じ上げませんでした。編集者も同様です。これからの日本に切実に必要とされるであろうことを、多くの人に知られているとは言えない小さな町が担っている。そこにもポスト経済成長、ポスト大都市の、新しい時代に向けての希望への鍵が隠されているようで、魅力を感じました。

小川さん、松尾さん、豊島さんとお会いして伝わってきたのは、シンプルすぎて気恥ずかしいくらいですが「三人とも人が好きなんだな」ということです。「人の笑顔が」かな。きっとこれまでの経験でたくさんの笑顔に出会ってきて、それが糧になってるんじゃないでしょうか。

小川さんは生い立ちの中で、親の世代の、みずからは多少損をかぶっても、人のために、という正義感を強く感じて育ってこられましたし、奇《く》しくも松尾さんもそうでした。地域の人と密接に関わり、困ってる人がいれば、仲間に声をかけて、一緒に助ける。そこから生まれるみんなの自然な笑顔が何より好きなんですね。そして、次の世代を担う豊島さんは、そんなオヤジ世代の二人の姿勢がすごく好き。よき連鎖が生まれています。

「なぜ人は人を救うのか」という問いに対して、小川さんも、松尾さんも、具体的な理解しやすい答えを返されなかった。それは「こういうことがあったから」といったストーリーを必要としていないからで、「人が困っていたら手を差しのべるのが当たり前」という非常にシンプルな動機で動いている。本能的とも言っていい力強さを感じました。

実は、最初にこの大がかりな訓練の話を聞いたとき、「杉戸町で大丈夫なのかな？」と不安をおぼえました。埼玉県内の一部の災害に対応するのではなく、首都圏直下型地震の救援拠点としてですからね。東京都心からのアクセスがいいわけでは決してないし、避難してきた人たちを受け入れるキャパシティーにも限りがある。誰もが認める「ここ」という場所とは言いがたい。

しかし今、実際に杉戸町を訪れて思うのは、この規模だから、意見がまとまり、実施し得たのだろうということ。そして、杉戸でもできたのだから、その気になってがんばれば、どこでだってできる、という可能性の広がりです。単純にアクセスやキャパの面だけ見れば、もっと便利な場所はほかにもあるでしょう。でも、できたのは杉戸町なんだという事実は揺るがせない。彼らは「やろう、やれる、受け入れる」と動いた結果、何ものにも代えがたい経験値を手に入れた。その経験値というのは、アクセスやキャパなどほかのどんな条件よりも強いものだと思います。多くの人が知らないところで、将来にわたって人々の笑顔を守るために「まずやってみよう」と確かな信念を持って動いた実践家たちが、日本のあらゆる地域に希望のモデルをもたらしている。

それを実現させたのは、いろいろな巡り合わせがあるにせよ、まずリーダーの存在です。小川さん、松尾さんはもちろん、避難の受け入れを決めた町長だったり、NPOを活かそうと決めた知事だったり。一般の多くの人も、誰かを助けたいと思っている。でも現実にどうしたらいいか分からない、ためらいもある。だからこそ次の一歩を踏み出すための決断を下す人が必要なんだと、お話をうかがっていて強く思いました。

現代社会は、世界的に幾つもの戦争や紛争を経るなど、苦い経験を多く重ねてきて、「リーダー」という存在に、危うさやうさんくささを感じている。だからこそ、問題点を指摘されながらなお民主主義が世界で支持されている。けれど、どうしても緊急の危機のときには民主主義の限界が露呈してしまう。短時間で、その場限りではない、先々まで見据えた正しい道を決断するリーダーが要る。だからこそ私たち主権者は、危機のときに間違えるリーダーを選んではいけない。われわれに足りないのは、近い将来必ず訪れる複数の危機に対応できるリーダーを選ぶという姿勢や覚悟、いなければ求めたり育てたりすることへの強い意志や、切実感なのかもしれません。

あとがき

人々の孤立を願う人がいます。

ある階層、または、ある集団、と言ってもよいかもしれません。

人々が集まって、要求したり、抗議したり、改善を願ったり、ということをするのは、いやだなぁ、やめてほしいなぁ、集まらずに、一人一人でいてくれると、簡単に対処できるし、利用しやすいのに、と思っている階層とか集団は、世界中に存在します。


けれど、人々の孤立化が、短期的に彼らの地位を保障しても、このままの勢いで孤立化が進めば、社会および世界そのものが保たなくなります。

国や地域の安全性を担っていた相互扶助の精神が失われ、社会の存立基盤を守っていた経済的な相互負担の制度が崩れて、いま以上に不安定な世界になるでしょう。そうなれば、安泰だった階層や集団にも危機が及びます。

そうしたグループに属する人たちも、子どもや孫に、豊かで安全な世界を譲り渡していけるかどうか不安を抱えているでしょう。なので一部の人は、子どもを海外に留学させたり、外国語の能力を身につけさせたりすることに躍起になっています。でもそんなことでは間に合わないことも、頭のいい彼らは知っているでしょう。知ってはいても、断崖に向かって走るチキンレースはとうに始まっていて、誰もやめようと言えなくなっています。

人類が潰滅状態へ転がっていることが、世界のほとんどの人に理解されたとき、やっとレースは終わるのでしょうか。それでもなお終わらないのでしょうか。


望みは、クモの糸のように細いと思っています。

でも、簡単に切れないクモの糸だってあります。

本書に登場する方々は、確実に危機に瀕している世界における、生き延びてゆく希望の指標であり、人間の可能性を伸ばしてくれるモデルです。

彼女らや彼らとの対談を通して思うのは、

「つながることは、生存に直結する」

ということです。そして、多くのリスクに対して、

「つながることは、備えることになる」
ということです。

人と人とのつながりを持つ、保つ、広げる、というのは、私たちが生きているこの世界を、次の世代、さらに次の次の世代へとつないでいくための、最も大切なスキルとなるでしょう。

身近な人とはもちろん、遠く離れた地域の人々であったり、外国に暮らしている人たちであったり、いろいろな他者とつながり合うことで、私たちの生存を左右しかねないリスクを、回避できたり、減らしたりできます。

それは、子や孫から先の、まだ見ぬ世代にまで関わってくることです。

つながりを持ち、保ち、広げる手段の一つに「祭り」があります。

お会いした方々の行為には、それぞれ、意識して、あるいは無意識のうちに、「祭り」の要素がおありでした。

多くの人が集まり、笑いながら、相談し合いながら、ときには厳しく、でも窮屈ではなく、あくまで寛容に、理解し合える方向へ、進んでいく。

　そうした祝祭的な行為を通じて、人と人とが垣根を超えて、互いの顔を見知ってゆく、気持ちをわかち合ってゆく。

「もう他人じゃない」

　この感覚が、私たちが困難に直面したときに、きっと大きな助けになるはずです。

　どんな巨大な施設よりも、人々をより多く救う備えとなるでしょう。どんな強力な兵器よりも、平和のための抑止力になるでしょう。


　今回対談させていただいた人やグループが、この社会に存在していることに、驚きを感じ、わくわくし、感謝したくなりました。

　登場していただいた皆さんそれぞれが、経験を通してつかみとった、ご自分の言葉をお持ちなので、話していて、本筋を外れずにいながらも、予想していたのとはまったく違う次元へ連れていかれることもたびたびでした。

　時間さえ許せば、ずっと対談をつづけていたいほどでした。

ご登場くださった方々に、あらためて感謝申し上げます。

皆様と出会えて、私の世界は広がりました。

短い時間ではありましたが、お会いできたことを心から幸せに感じています。

まえがきでも書きましたが、皆様からいただいた言葉、考え方、行動のメソッドを、読者に伝えられることも、また幸せです。


今回の企画を進め、対談および全体の記事を的確、かつリーダブルな文章に仕上げてくださったサンケイエクスプレスの記者、塩塚夢さんという優れた才能に出会えたことも、幸せに感じていることの一つです。あらためて彼女に感謝を申し上げるとともに、さらなる活躍を期待し、かつ楽しみにしています。

連載当時のサンケイエクスプレスの編集長・佐野領氏の英断と、紙面を大きく割いてくださった寛容さに、そして、対談の際に同行して写真を撮ってくださった産経新聞社の各カメラマンの方々の労力とご親切にも、心より御礼申し上げます。

複数の方々との対談の様子を伝えるのに、煩瑣でなく、スマートな形式に整えてくださったデザイナーの方、および、言葉を繊細に拾って、より良い方向へ導いてくださった校正者の方々の、プロフェッショナルな仕事に敬意を表します。

最後に、本書を読者に届けるにあたって、助走段階から完走後まで支えてくれた幻冬舎編集部の永島賞二氏、壺井円氏、三枝美保氏にも、深く感謝します。


こんな世界で、なぜ人間は滅びないのか。

その問いの答えは、対談を読み通してくださった方に、伝わったでしょうか。

「なぜ人は、人を虐げないと、生きていけないのか」

というのが、私がずっと追いかけているテーマです。

それと対をなすのが、

「なぜ人は、人を助けるのか。ときに命を危険にさらしてまで、救おうとするのか」

ということです。

人が人を助けてこなかったら、きっと人類はとうに滅んでいるでしょう。

ですから、それが本能なのか、遺伝子レベルに組み込まれている生存のためのシステムなのか……であれば、どうして一方で、人を虐げたり、死に至らしめることを、迷いなく、選択できる場合もあるのか……。

その答えについて、私はこれからも考えつづけていくでしょう。

でも、答えが出なくても、きっとこれからも、人は人を虐げ、それ以上に人を救っていくのです。

本書をお読みくださった方々が、新しい出会いを求めて、未知の世界へ踏み出し、人々とより広く、より深いつながりを持たれることを、心より願っています。

二〇一五年　晩秋　　天童荒太

本書は、「ＳＡＮＫＥＩ　ＥＸＰＲＥＳＳ」紙（産業経済新聞社発行）での不定期連載「だから人間は滅びない」に大幅に加筆・修正したものです。

第一章　震災と想像力　２０１３年1月1日掲載
第二章　閉塞感を打ち破る農業　２０１３年5月5日掲載
第三章　コミュニティーの基本はものづくり　２０１３年7月13日掲載
第四章　母親に寄り添う産後ケア　２０１３年9月14日掲載
第五章　モードは世界を変える　２０１３年11月9日掲載
第六章　反グローバリゼーション雇用　２０１４年2月22日掲載
第七章　週末農業で得られる辛抱と寛容　２０１４年6月21日掲載
第八章　つながることは災害への備え　２０１４年11月29日掲載

著者略歴

天童荒太《てんどうあらた》

一九六〇年愛媛県生まれ。

九三年『孤独の歌声』で第六回日本推理サスペンス大賞優秀作、九六年『家族狩り』で第九回山本周五郎賞、二〇〇〇年『永遠の仔』で第五三回日本推理作家協会賞を受賞。〇四年文庫『家族狩り』五部作を発表。〇九年『悼む人』で第一四〇回直木三十五賞、一三年、『歓喜の仔』で第六七回毎日出版文化賞を受賞。

幻冬舎新書 400

だから人間は滅びない

二〇一五年十一月三十日 第一刷発行

著者 天童荒太
発行人 見城 徹
編集人 志儀保博
発行所 株式会社 幻冬舎
〒一五一-〇〇五一 東京都渋谷区千駄ヶ谷四-九-七
電話 〇三-五四一一-六二一一(編集)
〇三-五四一一-六二二二(営業)
振替 〇〇一二〇-八-七六七六四三
ブックデザイン 鈴木成一デザイン室
印刷・製本所 中央精版印刷株式会社

Printed in Japan ISBN978-4-344-98401-1 C0295
て-4-1
幻冬舎ホームページアドレス http://www.gentosha.co.jp/
＊この本に関するご意見・ご感想をメールでお寄せいただく場合は、comment@gentosha.co.jpまで。

香山リカ
弱者はもう救われないのか

拡大する所得格差、階級の断絶……もはや日本だけでなく世界全体で進む「弱者切り捨て」。古今の思想・宗教に弱者救済の絶対的根拠を求め、市場経済と多数決に打ち克つ新しい倫理を模索する、渾身の論考。

諸富祥彦
悩みぬく意味

生きることとは悩むことだ。悩みから逃げず、きちんと悩める人にだけ濃密な人生はやってくる。苦悩する人々に寄り添い続ける心理カウンセラーが、味わい深く生きるための正しい悩み方を伝授する。

五木寛之
新老人の思想

長寿が無条件に幸せで尊ばれる時代は過ぎた。超・老人大国、日本にこれから必要な思想とは?「若年層に頼らない」「相互扶助は同世代で」「単独死を悲劇としない」等、老人階級の自立と独立を説く衝撃の書。

福澤徹三
もうブラック企業しか入れない
会社に殺されないための発想

非正規雇用者が2040万人を超え、さらに加速する格差社会のなかで、ブラック企業の見分け方からトラブルの対処法、これからの時代の働き方まで、さまざまな角度から考える仕事の哲学。

幻冬舎新書

國分功一郎
来るべき民主主義
小平市都道328号線と近代政治哲学の諸問題

半世紀も前に作られた道路計画を見直してほしいという住民の声が届かない社会が、なぜ「民主主義」と呼ばれるのか？　気鋭の哲学者が、実践と深い思索をとおして描き出す、新しい社会の構想。

藤井誠二
体罰はなぜなくならないのか

親が求め、教師が溺れ、学校が隠し、世間が許す。これまで体罰が原因で多くの子どもの命が奪われてきたが、私たちはみな共犯者だ。長年にわたり体罰問題を取材してきた著者が暴力の連鎖構造を抉る。

石田淳
始める力

英会話やダイエットなど、始めたいのにできない人の役に立つのが「行動科学マネジメント」のメソッド。「ハードルを下げる」「小さなゴールをつくる」「形から入る」などの始めるヒント17。

石井光太
戦場の都市伝説

死体を食べて大きくなった巨大魚、白い服を着た不死身の自爆テロ男など、戦地で生まれた奇妙な噂話が妙に生々しいのはなぜか。都市伝説から人間の心の闇と戦争のリアルを解き明かす画期的な書。